Erfolg ist eine Kleinigkeit

Linda Kaplan Thaler und *Robin Koval* führen gemeinsam die preisgekrönte Werbeagentur Kaplan Thaler Group mit Sitz in New York. Linda Kaplan Thaler ist der kreative Kopf, während Robin Koval den strategischen Bereich verantwortet. Zusammen veröffentlichten sie 2008 *The Power of Nice. Wie Sie die Welt mit Freundlichkeit erobern können.* Die Kaplan Thaler Group gehört zu den führenden Werbeagenturen in den USA und hat bereits 13 Clio Awards gewonnen. Ihre eigenen Ratschläge setzen die Autorinnen seit langem auch konsequent in ihrer Agentur um.

Linda Kaplan Thaler und Robin Koval

Erfolg ist eine Kleinigkeit

Warum schon kleine Dinge
Großes bewirken

Aus dem Englischen von Birgit Hofmann

Campus Verlag
Frankfurt/New York

Die amerikanische Originalausgabe erschien erstmals 2009 unter
dem Titel *The Power of Small* bei Broadway Books, an imprint of the
Crown Publishing Group, a division of Random House, Inc. New York.
Copyright © 2009 by Linda Kaplan Thaler and Robin Koval

ISBN 978-3-593-39239-4

Copyright © 2011 Campus Verlag GmbH, Frankfurt am Main.
Alle deutschsprachigen Rechte bei Campus Verlag GmbH,
Frankfurt am Main.
Umschlaggestaltung: R.M.E, Roland Eschlbeck / Rosemarie Kreuzer
Umschlagillustration: © Sabine Hanel
Satz: Campus Verlag GmbH, Frankfurt am Main
Gesetzt aus der Minion und der Myriad
Druck und Bindung: Beltz Druckpartner, Hemsbach
Gedruckt auf Papier aus zertifizierten Rohstoffen (FSC/PEFC).
Printed in Germany

Dieses Buch ist auch als E-Book erschienen
www.campus.de

Für Emily und Michael –
mit winzigen Babyschritten habt ihr mein Herz
im Sturm erobert.

Linda Kaplan Thaler

Für Kenny und Melissa
und den Glauben an kleine und große Wunder.

Robin Koval

Inhalt

Vorwort

Bevor wir zur Sache kommen, möchten Sie vermutlich wissen, weshalb ausgerechnet ich das Vorwort zu diesem Buch schreibe. Nun, zum einen bin ich ziemlich klein und passe also schon mal viel besser zum Thema dieses Buches als beispielsweise Shaquille O'Neal, der Basketballriese. Und zum anderen bin ich, wenn wir mal ehrlich sind, ja auch viel unterhaltsamer.

In meinem Metier steckt der Teufel im Detail. Eine winzige Nuance zu viel (oder zu wenig) des Guten, und schon kommt ein Witz so gut an wie Schweineschwarte bei einer Bar-Mizwa. Ein zu schräger Kommentar auf einer Firmenveranstaltung, und schon findet man sich in der Schlange der Arbeitslosen auf dem Amt wieder. Und das gilt nicht nur für die Comedybranche! Andererseits lässt sich mit dem richtigen Spruch zur richtigen Zeit der Welthunger stillen oder Frieden im Mittleren Osten stiften.

Na gut, das ist vielleicht ein bisschen übertrieben. Trotzdem: Kleine Dinge können Großes bewirken, das weiß ich aus eigener Erfahrung. Als Robins und Lindas

Agentur die Ente als Markenzeichen für das Versicherungsunternehmen Aflac erschuf, kam eine der erfolgreichsten Werbekampagnen aller Zeiten ins Rollen, nur weil ich ein kleines Talent dazu habe, das Quaken einer Ente zu imitieren.

Im kleinen Maßstab zu denken ist gerade in unserer heutigen Zeit besonders wichtig. Angesichts der drohenden Klimakatastrophe, der weltweiten Finanzkrise und dem ganzen »Getwitter« um uns herum fragt man sich doch, welche Katastrophe wohl als nächstes über uns hereinbricht. Stimmt doch, oder? Doch wie kann jemand, der wie ich beispielsweise schon überfordert ist, wenn er eine Glühbirne wechseln muss, irgendetwas dazu beitragen, die Welt zu verbessern? Ein guter Anfang wäre, sich etwas mehr Zeit für kleine, nette Aufmerksamkeiten zu nehmen, die das Leben für uns und unsere Mitmenschen schöner machen. Schreiben Sie jemandem, der Ihnen einen Gefallen getan hat, ein paar nette Zeilen. Sagen Sie Ihren Kindern, dass Sie sie lieb haben. Helfen Sie einem älteren Mitbürger über die Straße. Und wenn Sie dann in der postapokalyptischen Gesellschaft verzweifelt auf der Suche nach etwas zu essen sind, teilt vielleicht derjenige, dem Sie in der Apotheke die Tür aufgehalten haben, seinen letzten Kanten Brot mit Ihnen.

Lesen Sie also weiter. Finden Sie selbst heraus, weshalb es sich in jeder Hinsicht lohnt, den kleinen Dingen des Lebens große Aufmerksamkeit zu schenken. Das Buch selbst ist nicht sonderlich dick. Lesen Sie es kapitelweise.

Oder noch besser: seitenweise. Wir wollen ja in kleinen Maßstäben denken. Kleine Dinge machen große Freude. Das werden Ihnen alle meine Exfreundinnen bestätigen.

Gilbert Gottfried
(amerikanischer Komiker und Schauspieler)

Einleitung

In einer Welt, in der sich jeder darauf konzentriert, das große Ganze zu erfassen und seine Chancen zu ergreifen, in der sich mit jeder neuen Webseite, mit jedem neuen Technikspielzeug alles noch schneller zu drehen scheint, bleibt für die kleinen Dinge des Lebens oft keine Zeit mehr übrig. Details gehen in der Flut aus digitalen Daten, E-Mails und YouTube-Videos unter. Wir haben uns in ein Volk von Datenjunkies verwandelt. Unsere Aufmerksamkeitsspanne reicht gerade einmal aus, um die neuesten Klingeltöne, Trailer, Videoclips und Schlagzeilen zu erfassen. Viele Menschen begreifen ihr Leben weniger als ein Werk von epischer Dichte – sie betrachten es eher als eine Aneinanderreihung von Reclam-Heftchen. Kein Wunder, dass dabei die kleinen Signale, die schlichten Gesten, die unerwarteten Nettigkeiten, die unser Leben bereichern und ihm Bedeutung verleihen, übersehen oder ignoriert werden. Da wir uns permanent überlastet fühlen, achten wir kaum auf die kleinen, aber feinen Unterschiede des menschlichen Miteinanders und wollen uns schon gar nicht mit scheinbar unwichtigen Aufmerksamkeiten abgeben – obwohl wir gerade damit einen viel größeren Eindruck hinterlassen könnten als mit aufsehenerregenden Taten oder hehren Absichten. Fakt aber ist: Ohne die Aufmerksamkeit für die kleinen Dinge des Lebens und die Liebe zum Detail kommt kein Mensch wirklich weiter, wird kein Mensch in seine Traumposition befördert und kann kein Mensch eine echte Heldentat vollbringen.

Selbstverständlich dürfen wir uns nicht in Belanglosigkeiten verlieren, die den Blick für das Wichtige trüben und uns von unseren eigentlichen Zielen ablenken. Wir beide sind große Fans von Richard Carlsons Bestseller *100 Regeln für ein gutes Leben*. Doch während er im Hinblick auf unser spirituelles und psychologisches Wohlbefinden davor warnt, *unwichtige* Banalitäten übermäßig aufzublähen und sich in ihnen zu verzetteln, möchten wir auf die vielen kleinen Dinge des beruflichen und privaten Alltags hinweisen, die so oft übersehen oder als überflüssig abgetan werden, *obwohl sie wichtig sind*. Es ist alles andere als banal und überflüssig, sich die Zeit für ein nettes Kompliment zu nehmen oder auf die nonverbalen Signale von Kunden und Kollegen zu achten. Kleinigkeiten wie diese sagen bisweilen mehr als tausend Worte. Sie sind das Zünglein an der Waage, die eine Beziehung festigen oder scheitern lassen oder die – für alle Krimifans – den Durchbruch in einem kniffligen Fall bringen. Es sind fast immer die kleinen Gesten und Aufmerksamkeiten, die unsere Persönlichkeit ausmachen und Eindruck hinterlassen.

Die Reaktion auf unser letztes Buch, *The Power of Nice*, war überwältigend. Unglaublich viele Menschen berichteten uns, wie positiv sich etwas mehr Freundlichkeit – das Lächeln, das sie einem übellaunigen Kollegen schenkten, der Sitzplatz, den sie einem Fremden im Bus überließen – auf ihr Leben auswirkte, und durch alle Geschichten zog sich eine Erkenntnis wie ein roter Faden: Die winzigsten Gesten führen zu den schönsten Erlebnissen. Und diese winzigen Gesten sind es, die in der permanenten Reizüberflutung untergehen. Vor lauter Wald sehen wir die Bäume nicht, geschweige denn die Blätter an den Bäumen. Doch genau auf die Blätter in all ihrer Vielfalt in Farbe, Form und Duft kommt es an, denn in diesen Details zeigt sich, was real ist, was schön ist und worauf es im Leben ankommt.

Der Glaube an die große Wirkung kleiner Dinge ist nicht einfach nur als eine Weltanschauung, sondern auch als guter, pragmatischer Rat zu verstehen. Und wenn wir uns die sich weltweit verschärfenden Krisen anschauen, kommt dieser Rat genau zur rechten Zeit. Genug zusammenzusparen, um den Lebensabend genießen zu können, mag vielen unmöglich erscheinen, doch Cent für Cent etwas zur Seite zu legen ist wiederum ganz einfach. Kleine Samenkörner versprechen reiche Ernte. Der Glaube an die große Wirkung kleiner Dinge ist eine Lebensphilosophie, mit der selbst hochgesteckte Ziele Schritt für Schritt in greifbare Nähe rücken. Wenn wir eines aus der Wahlkampagne des jetzigen US-amerikanischen Präsidenten Barack Obama gelernt haben, dann doch dieses: Wer Tag für Tag zu einer Extraportion Anstrengung bereit ist, wer sich um das entscheidende Quäntchen mehr bemüht, kann alles erreichen. Die Skala des Erfolgs ist für jeden Menschen nach oben offen.

Das Schreiben dieses Buches hat auch uns um viele Erfahrungen reicher und klüger gemacht. Unsere geschärfte Aufmerksamkeit führte uns immer deutlicher vor Augen, wie positiv sich die kleinsten Kleinigkeiten auf unsere beruflichen und privaten Beziehungen auswirkten. Nach und nach wurde es uns immer wichtiger, gute Arbeit gebührend anzuerkennen, uns die paar Minuten mehr Zeit zu nehmen, um uns noch um ein letztes Detail, einen weiteren Anruf oder eine zusätzliche Aufgabe zu kümmern und unserem Liebsten vor dem Beenden eines Telefonats noch schnell »Ich liebe dich« zu sagen. Wir hoffen, dass dieses Buch auch Ihr Leben bereichert und Sie dazu anregt, jeden einzelnen wunderbaren Moment zu genießen.

Linda Kaplan Thaler und *Robin Koval*

Kapitel 1
Kleine Dinge, große Wirkung

Wir können keine großen Dinge tun,
aber die kleinen mit Liebe.

Mutter Teresa

Larry arbeitete als Programmierer im Vertrieb eines großen Bekleidungsunternehmens mit Sitz in San Francisco. Er war der Herrscher über alle Bits und Bytes, der Helfer in der Not bei Computerproblemen aller Art. Er konnte sich stundenlang damit beschäftigen, Zahlenkolonnen auf immer neue Weise zu zerstückeln. Kurz gesagt, Larry hatte sich den Ruf geschaffen, ein echter Computerfreak zu sein.

Larry bewunderte die Männer und Frauen in der Vertriebsabteilung. Wie locker sie miteinander umgingen, wie ungezwungen sie sich miteinander unterhielten, wie schick und modisch sie sich doch kleideten! Oft dachte sich Larry: »Das kann ich auch, so will ich auch sein.« Allerdings hatte er keine Ahnung, wie er es anstellen sollte, aus seiner relativ festgefahrenen beruflichen Laufbahn auszubrechen – falls er für dieses Wagnis überhaupt genügend Mut aufbrächte. Sollte er kündigen und eine Zusatzausbildung beginnen? Sollte er sich einen Nebenjob suchen, bei dem er abends noch einige Stunden Verkaufserfahrung sammeln konnte? Sollte er sich an einen Karriereberater wenden? Larry konnte sich nicht entscheiden, und die Vorstellung, eine völlig neue Richtung einzuschlagen, machte ihm auch ein bisschen Angst.

Dann führte ihn der Zufall oder das Schicksal eines Tages in Patricia Fripps' Friseursalon für Männer. Patricia war die Wegbereiterin eines neuen Trends: Sie bemühte sich als eine der ersten Friseurinnen erfolgreich darum, männliche Kunden aus den klassischen, rein funktionell ausgestatteten Haar- und Bartschneidesalons in hippe Haarstudios zu locken. Für die leidenschaftliche Haarstylistin Patricia war es Ehrensache, jedem Kunden einen ganz individuellen Haarschnitt zu verpassen, der seine Persönlichkeit besser zur Geltung brachte. Oft war es nur ein kleines Detail – die Linie des Scheitels oder die Länge der Koteletten –, das die Meisterin fachkundig veränderte, um den gewünschten Effekt zu erzielen. Larry nahm also Platz, und Patricia begann ihr Werk.

Eine halbe Stunde später hatte sich Larrys Erscheinungsbild völlig verändert. Zurück an seinem Arbeitsplatz überhäuften ihn seine Kolleginnen mit Komplimenten, und als er am Abend nach Hause kam, begrüßte ihn seine Frau mit den Worten: »Hallo Schätzchen, du sieht einfach toll aus!« Selbst der jungen Verkäuferin in dem Coffeeshop, in dem er sich jeden Morgen seinen Kaffee holte, fiel Larrys verändertes Aussehen auf: »Irgendwie sehen Sie ganz anders aus.«

Die neue Frisur hatte zur Folge, dass sich Larrys Selbstwahrnehmung radikal veränderte, was wiederum eine ganze Reihe verblüffender Erkenntnisse und Ereignisse auslöste. Nach und nach dämmerte es ihm, dass er durchaus neue Wege beschreiten konnte, wenn er nur einen kleinen Schritt nach dem anderen unternahm. Zuerst kaufte er sich einige neue Kleidungsstücke. Dann ging er wieder regelmäßig ins Fitnessstudio, und er bemühte sich, häufiger freundlich zu lächeln. Larrys veränderte Wahrnehmung seiner Person färbte natürlich auch auf sein Umfeld ab. Nachdem er sich mit einigen der Vertriebsleiter angefreundet hatte, vertraute er ihnen eines Tages an, wie sehr er sie um ihren Job beneidete. Kurz darauf bot ihm der Abteilungsleiter eine Stelle im Vertrieb an.

Larry zeigte sich der neuen Herausforderung nicht nur gewachsen. Er entwickelte sich sogar zum besten Vertriebsprofi der Abteilungsgeschichte. Obwohl sein Vertriebsgebiet fünf Mal verkleinert wurde, verkaufte er noch immer mehr als seine Kollegen. Es dauerte nicht lange, bis Larry zum Vertriebsleiter des Unternehmens befördert wurde.

Sicher, Larry besaß ein gewisses Verkaufstalent, und er investierte auch sehr viel Zeit und Mühe, um sämtliche Details, die es über die Produkte und Kunden zu wissen gab, zu verstehen. Seine umfassenden Computerkenntnisse und sein Geschick im Umgang mit Zahlen und Tabellen erwiesen sich auch als recht praktisch. Doch wenn Sie Larry fragen, wie es zu dieser wundersamen Wandlung in seinem Leben kam, wird er Ihnen mit einem breiten Grinsen im Gesicht sagen: »Ganz ehrlich? Mein Erfolgsweg begann mit einer neuen Frisur.«

Dieses kleine Beispiel zeigt, welches erstaunliche Potenzial in ganz und gar unspektakulären Handlungen, subtilen Perspektivenverschiebungen und konsequenter Achtsamkeit für Details steckt. Kleinigkeiten wie diese haben die Macht, alles zu verändern – die berufliche Laufbahn, zwischenmenschliche Beziehungen, das Wohlbefinden und nicht zuletzt unseren Einfluss auf unser Umfeld.

Bei Larry erwies sich die neue Frisur als Katalysator, der den Wandel ins Rollen brachte. Vor seinem Friseurbesuch fehlte es ihm an Selbstvertrauen und einem konkreten Plan. Er sehnte sich nach Veränderungen, wusste aber nicht, wie er sie herbeiführen konnte. Daher wartete er einfach nur darauf, dass irgendetwas Weltbewegendes geschah, das ihm aus der Klemme half.

Nach seinem Friseurbesuch veränderte sich nicht nur Larrys Aussehen, sondern auch seine Sichtweise. Die Tatsache, dass er die freundlichen Bemerkungen über seine neue Frisur nicht einfach als höfliche Belanglosigkeiten abtat, sondern als ehrlich gemeinte Komplimente auffasste, war zwar ein winziger, aber ein bewusst vollzogener Schritt in eine neue Richtung. Der Anfang war gemacht. Und meistens stellt gerade der Anfang eines Veränderungsprozesses – die ersten kleinen Schritte zu umwälzenden Veränderungen im Leben zu wagen – die größte Schwierigkeit dar.

Die kleinen, unbedeutend erscheinenden Entscheidungen und Handlungen sind – sofern wir ihnen genug Beachtung schenken – die wirklich treibenden Kräfte des Wandels und des Wachstums. Allerdings gilt es heutzutage leider als Zeitverschwendung, Kleinigkeiten (zu) große Beachtung zu schenken. Viele halten diese kleinen Veränderungen schlicht für irrelevant. Was sollte man davon schon haben? Meilensteine werden lautstark gefeiert, doch die kleinen Siege des Alltags, die dem nachhaltigen Wandel vorausgehen, werden geflissentlich ignoriert. Der kanadische Forscher Jamie Clarke, der Schritt für Schritt den Mount Everest bestieg, sagte einmal, dass Kleinigkeiten nicht nur große, sondern auch magische Kräfte innewohnen.

Inmitten der unzähligen kleinen Alltagsangelegenheiten geht diese wichtige Botschaft jedoch meist unter. Um uns in unserer so hektischen Welt zurechtzufinden, sieben und filtern wir konstant aus, was wichtig ist und was ignoriert werden kann. Und das ist auch gut so. Würden wir nicht den Großteil der überflüssigen »Störgeräusche« um uns herum ausblenden, wüssten wir bald weder ein noch aus. Und ganz ehrlich: Wenn wir uns tatsächlich merken wollten, auf welchem Kanal welches der unzähligen Fernsehprogramme zu finden ist oder wie die kryptischen Anweisungen aus dem Microsoft-Word-Benutzerhandbuch genau lauten, kämen wir ja überhaupt nicht mehr dazu, etwas Produktives zu leisten.

Indem wir ganz und gar nutzlose Banalitäten ausfiltern, machen wir jedoch auch kurzen Prozess mit all den Kleinigkeiten, auf die es im Leben ankommt: den kleinen Gesten und leisen Tönen, den Nettigkeiten, die so viel über unsere Aufmerksamkeit für Details, über unsere Bereitschaft und den Willen zu Veränderung und Verbesserung aussagen. Ob Sie E-Mails vor dem Absenden prinzipiell ein zweites Mal durchlesen oder nicht, lässt darauf schließen, wie gewissenhaft Sie bei größeren Projekten zu Werke gehen. Mit einem schriftlichen Dankeschön für die Hausaufgabenbetreuung Ihres Sprösslings machen Sie mit Sicherheit größeren Eindruck als mit einer Schachtel Pralinen. Von Kleinigkeiten wie diesen können Karrieren, Beziehungen und manchmal sogar Menschenleben abhängen.

Viele Menschen investieren unglaublich viel Zeit und Energie in die langfristige Planung ihres Berufs- und Privatlebens und tüfteln die dazu passenden Strategien aus. Doch das Leben lässt sich nur selten vorausplanen. Manchmal sind es gerade die kleinen, ungeplanten, spontanen Entscheidungen, die unsere Träume wahr werden lassen. Das gilt vor allem für Herzensangelegenheiten.

Freundlichkeit wärmt das Herz

Simone und Jake waren seit knapp zwei Jahren ein Liebespaar. Simone fand, sie passten perfekt zusammen. Für sie war Jake der Mann ihrer Träume, den sie heiraten wollte. Jake dagegen fand, es wäre zu früh, sich fest zu binden. Er war noch nicht so weit. Wann immer Simone ihre gemeinsame Zukunft ansprach, wechselte er das Thema.

Die Zeit verging, und Simone verzweifelte allmählich. Sie beschloss, Nägel mit Köpfen zu machen und sich Klarheit zu verschaffen. Wenn Jake noch immer nicht bereit war, sich fest zu binden, würde sie sich von ihm trennen. Der Trennungsschmerz würde ihr zwar das Herz brechen, doch so konnte es unmöglich weitergehen. Sie würde bestimmt nicht darum betteln, dass Jake ihr einen Heiratsantrag machte.

Einige Tage später gingen Simone und Jake zum Abendessen aus. Auf dem Weg in das Restaurant kamen sie an einem Obdachlosen vorbei, der zusammengekauert auf der Straße saß und dem eisigen Wind schutzlos ausgeliefert war. Simone blieb stehen. Der Anblick des frierenden, schmutzigen und hungerleidenden Fremden hatte sie abrupt aus ihren Gedanken gerissen, die sich um das bevorstehende Gespräch gedreht hatten.

»Ich bin gleich wieder da«, rief sie Jake zu.

Simone eilte auf die gegenüberliegende Straßenseite, verschwand in einem Secondhandshop, kam mit einer großen Tüte wieder heraus und lief zur nächsten Straßenecke, an der sich ein Feinkostladen befand. Diesen verließ sie mit einer weiteren Tüte. Dann kehrte Simone zu dem vor Kälte zitternden Obdachlosen zurück. Aus der großen Tüte zog sie einen warmen Wollmantel, aus der kleinen eine Schale heiße Suppe und ein Sandwich.

»Hier«, sagte sie, »das ist für Sie.«

Als Simone und Jake weitergingen, schwor sie sich, Jake heute Abend offen und ehrlich zu sagen, was sie für ihn empfand und wie sie sich fühlte.

Sobald sie in dem Restaurant Platz genommen hatten, atmete Simone tief durch. »Jake«, begann sie, »ich muss dir etwas sagen.«

»Zuerst will ich dich etwas fragen«, unterbrach Jake sie. »Ich habe zwar keinen Ring, tut mir leid, aber ich muss dich das jetzt einfach fragen: Simone, willst du meine Frau werden?«, platzte es aus ihm heraus.

Simone war wie vor den Kopf geschlagen. »Wieso fragst du mich das ausgerechnet jetzt?«, brachte sie gerade noch heraus.

»Als du diesem Obdachlosen einen Mantel und eine warme Suppe gebracht hast«, erklärte Jake, »wurde mir klar, dass ich den Rest meines Lebens mit einer so wunderbaren und warmherzigen Frau verbringen möchte.«

Überflüssig zu erwähnen, dass Simone Jakes Antrag von Herzen gerne annahm. Mittlerweile sind sie glücklich verheiratet und haben drei wunderbare Kinder.

Simones Reaktion auf den frierenden Obdachlosen war keine überlegte Handlung, sondern ein kleiner, spontaner Akt der Hilfsbereitschaft, der bei Jake einschlug wie ein Blitz und ihm die Augen öffnete. Alles, was er sich für die nächsten 20 Jahren seines Lebens wünschte, war direkt vor ihm und zum Greifen nah: Simone, die ein so großes Herz hatte, dass sie spontan einem Fremden in Not half. Durch diesen einen Akt hatte er mehr über Simones Wesen erfahren, als es ihm in Tausenden von Gesprächen gelungen wäre.

»Die meisten Paare glauben, ihre Beziehungsprobleme oder Ehekrisen ließen sich nur durch grundlegende Veränderungen oder gar Wunder lösen«, berichtet Psychologieprofessor Howard Markman von der Universität Denver. Und normalerweise denkt jeder Partner natürlich, der andere müsste etwas verändern. Allerdings ist es ein Irrtum zu glauben, wir könnten andere Menschen ändern – das Einzige, was wir wirklich ändern können, ist unser eigenes Verhalten.

»Der Durchbruch in der Beziehungsarbeit kommt dann zustande«, so Professor Markman weiter, »wenn den Partnern klar wird, dass sich grundlegende Verbesserungen zum Guten nicht in einem Gewaltakt, sondern in kleinen Schritten erreichen lassen, indem sich jeder an die eigene Nase fasst und die eigenen Verhaltensweisen ein klein wenig ändert.«

Simones spontane Hilfsbereitschaft – einem Menschen in Not einen gebrauchten Mantel für zehn Dollar und eine warme Suppe für zwei Dollar zu kaufen – stellte die Weichen für ihren weiteren Lebensweg. Daran zeigt sich, dass Kleinigkeiten das Potenzial innewohnt, unser Leben und das unserer Mitmenschen entscheidend zu beeinflussen.

Um dieses Potenzial freisetzen zu können, muss man natürlich wissen, welche Details besondere Achtsamkeit verdienen.

John Wooden, der erste Basketballprofi, der es sowohl

als Spieler als auch als Trainer in die Ruhmeshalle des Basketballs schaffte, weiß wie kein anderer um die große Bedeutung kleinster Details. In seinem Buch *A Lifetime of Observations and Reflections On and Off the Court* erklärt Wooden, warum Kleinigkeiten, die uns irrelevant erscheinen, den Unterschied zwischen »Champion und Beinahe-Champion« ausmachen können. Zu Beginn einer neuen Saison führte er bei der ersten Mannschaftsbesprechung immer dieselbe Übung durch. Dabei ging es weder um Dunking noch um Schnellangriffstechniken – nein, die berühmte Trainerlegende übte mit den Spielern, sich die Socken anzuziehen.

»Ich bestand darauf, dass die Socken bei jedem absolut perfekt, faltenfrei und gerade saßen«, erklärt Wooden. »Zuerst führte ich es den Spielern einmal vor, und anschließend habe ich bei jedem einzelnen Spieler eine Sockenkontrolle durchgeführt. Das mag sich übertrieben pedantisch und unsinnig anhören... Es hatte aber einen ganz praktischen Grund. Sitzen die Socken nicht einwandfrei, kann es passieren, dass der Spieler Blasen an den Füßen bekommt, und mit einer schmerzhaften Blase kann er weder im Training noch im Turnier Bestleistung erbringen... Vermeintliche Banalitäten wie diese summieren sich, und zusammengenommen entscheiden sie letztendlich über Sieg oder Niederlage.«

In der Geschäftswelt ist genau diese Art der Achtsamkeit für Details gefragt, um Fehltritte zu vermeiden und den Siegtreffer zu landen. Als wir The Kaplan Thaler

Group gründeten, hatten wir uns nicht vorgenommen, mit unserer Werbeagentur einmal Umsätze in Milliardenhöhe zu machen und uns einer großen Aktiengesellschaft anzuschließen. Wir hatten uns kein großes Ziel gesetzt, das wir in fünf oder zehn Jahren erreichen wollten. Stattdessen verfolgten wir zigtausend Miniziele. Wir hatten festgestellt, dass sich die besten Zukunftschancen ergaben, wenn wir uns einfach nur darauf konzentrierten, die unzähligen kleinen Probleme des Alltags zu lösen. Aber das ist natürlich nur in einem Umfeld möglich, in dem jeder gewillt ist, mit anzupacken, ganz gleich, wie klein und unbedeutend die Aufgabe auch erscheinen mag.

Am Tag unserer Firmengründung waren wir zu sechst, doch erst als wir schon 15 Leute waren, konnten wir uns endlich genügend Bürosessel leisten, damit in dem viel zu engen Dachgeschoss des alten Sandsteingebäudes, das uns damals als Büro diente, jeder einen eigenen Sitzplatz hatte. Wir alle hatten natürlich unsere speziellen Zuständigkeitsbereiche, was die Agenturaufträge betraf, aber für die Dinge des Alltags war jeder zuständig. So kam zum Beispiel einer nach dem anderen an die Reihe, am Abend den Müllbeutel hinunterzutragen und heimlich in dem Müllcontainer der Schule gegenüber verschwinden zu lassen – wir konnten uns damals noch keine eigenen Mülltonnen leisten. Vor allem diese heimliche Müllentsorgungsaktion – über die wir uns heute köstlich amüsieren – machte uns damals klar, dass wir genau die richtigen Leute in unserem Team hatten, um mit unserer Firma Erfolg zu haben: Mitarbeiter, die flexibel und loyal waren. Kein Einziger war sich zu schade dafür, auch Kleinigkeiten zu erledigen, und gerade wenn es um kleine, lästige Pflichten geht, wird ja oft lieber gemeckert als gemacht. Doch die Momentaufnahmen des Lebens, die aus unzähligen kleinen Gesten, kurzen Begegnungen und winzigen Details bestehen, zeichnen Vorgesetzten, Kollegen, Freunden und Bekannten ein sehr deutliches Bild unseres Wesens.

Linda erinnert sich noch gut an die erste Verabredung mit ihrem Ehemann Fred. Eine kleine Aufmerksamkeit überzeugte sie damals davon, dass er der Richtige war. »Es war furchtbar kalt, und als Fred mich abholen kam, schlüpfte ich nur schnell in den Mantel, knöpfte ihn aber nicht ganz zu. Ich ging hinaus, und noch auf der Türschwelle hielt er mich auf und knöpfte mir den Mantel ganz zu. Ohne ein Wort zu sagen! So bitterkalt es auch war, mein Herz schmolz dahin. Sogar heute noch, nach 22 Jahren, sorgt Fred dafür, dass die Kinder und ich immer warm eingepackt sind, bevor wir aus dem Haus gehen.«

Mädchengespräche

Vor einigen Jahren sollten wir im Auftrag der US-amerikanischen Pfadfindervereinigung Girl Scouts eine Kampagne entwerfen. Sie sollte Mädchen im Teenageralter dazu ermutigen, sich auch auf den weiterführenden Schulen für Mathematik und Naturwissenschaften zu begeistern.

Jüngsten Forschungsergebnissen zufolge hatten Mädchen in diesen Fächern in der Grundschule die Nase vorn, schienen aber in der weiteren Schullaufbahn ganz plötzlich das Interesse daran zu verlieren. Die Eltern, die wir im Zuge unserer Recherchen dazu befragten, waren völlig perplex. Sie hatten doch alles Menschenmögliche getan, um die wissenschaftliche Neugier und den Forschergeist ihrer Töchter zu fördern! Nach drei Tagen anstrengender Elternbefragungen erwähnte eine Mutter beiläufig, dass sie sogar eine wissenschaftliche Sendung für ihre Tochter aufnehmen wollte, doch da ihr Mann auf Dienstreise war, ginge das nun leider nicht. Wir wurden hellhörig und hakten nach: »Und warum geht das nicht?«

»Ach wissen Sie, mit diesem technischen Kram kenne ich mich einfach nicht aus. Das habe ich meiner Tochter auch schon erklärt. Frauen und Technik, da prallen eben zwei Welten aufeinander«, antwortete sie lachend. Und da ging uns plötzlich ein Licht auf. Diese kleine, beiläufig dahingesagte Bemerkung führte letzten Endes dazu, dass wir einen Werbespot entwickelten, der mehrfach ausgezeichnet wurde. Darin machten wir deutlich, wie wichtig es ist, dass Mütter die kindliche Neugier ihrer Töchter fördern und ihr Interesse an Mathematik und den Naturwissenschaften nach Kräften unterstützen, sie sollten aber vor allem auch explizit darauf achten, sie nicht durch unbedachte Äußerungen, eigene Unsicherheiten oder Vorurteile zu verunsichern. Ohne sich dessen bewusst zu sein, geben viele Mütter das alte Ammenmärchen, Mathematik und Wissenschaft sei einfach nichts für Mädchen, an ihre Töchter weiter. Mit unserer Kampagne zielten wir darauf ab, Mädchen und jungen Frauen zu mehr Selbstvertrauen zu verhelfen, und wurden dafür mit dem White House Project Award ausgezeichnet.

Detailversessenheit ist ein absolutes Muss für jeden, der effektive Werbespots für das Fernsehen entwerfen will. Hier zählt jede Sekunde. Ein Hollywoodregisseur hat es da deutlich leichter. Er hat nicht nur rund zwei Stunden Zeit, um seine Geschichte zu erzählen – er kann sich außerdem noch sicher sein, dass das Publikum dieser Geschichte wie gebannt folgt, während sie sich auf einer imposanten Großleinwand entfaltet. Wir aus der Werbebranche dagegen müssen unsere Botschaft in 15 oder 30 Sekunden über einen relativ kleinen Fernsehbildschirm einem Publikum vermitteln, das Werbepausen gerne dafür nutzt, um schnell etwas zu erledigen. Jedes noch so kleine Detail, jedes Wort muss darauf ausgerichtet sein, Aufmerksamkeit und Interesse zu wecken, sonst schaltet der Zuschauer um oder gedanklich ab. Als Faustregel für Werbespots im Fernsehen gilt: Wird das Interesse des Zuschauers nicht innerhalb der ersten fünf Sekunden geweckt, war alle Mühe umsonst. Erschwerend kommt natürlich hinzu, dass die Fragen und Problemchen, um die sich Werbespots üblicherweise drehen, nicht gerade Blockbusterpotenzial haben: »Was koche ich meiner Familie zum Abendessen?«, »Mit welchem Haarpflegeprodukt sitzt meine Frisur auch bei Wind und Wetter perfekt?«, »In welcher Jeans sieht mein Hinterteil schlank und knackig aus?« Für den Erfolg von Fernsehwerbung ist es daher entscheidend, kreative und originelle Momentaufnahmen einzufangen – wie beispielsweise die eines Frettchens, das aus einer Babytrage herausschelt, während sein Frauchen herzhaft in einen Bagel beißt – oder Ohrwürmer wie den Werbesong von Toys"R"Us zu komponieren, den Millionen US-Amerikaner noch heute auswendig können.

Doch zurück zu der spannenden Frage, inwiefern kleine Dinge große Auswirkungen auf unser Privat- und Berufsleben haben.

Jeder Mensch strebt danach, sich weiterzuentwickeln und sich beruflich zu verändern oder zu verbessern. Zu Silvester werden gute Vorsätze gefasst, die jedoch bis Mitte Februar meistens wieder in Vergessenheit geraten sind. Voller Energie und Tatendrang beginnt man die Woche in der Hoffung, bis Freitag das große Glück gefunden, die lang ersehnte Beförderung oder wenigstens ein größeres Büro erhalten zu haben. Doch all die winzig kleinen Schritte, die letzten Endes an das Ziel führen, *werden übersehen statt unternommen*. Das Rezept für Erfolg und Fortschritt enthält eine wertvolle Zutat. Wir sollten lernen, den Blickwinkel ein wenig einzugrenzen und den Fokus nicht so sehr auf die großartigen und schwer erreichbaren Fernziele zu richten, sondern auf die kleinen, machbaren Dinge, die vor uns liegen und zu greifbaren Ergebnissen führen.

Die Liebe zum Detail ist nicht nur die treibende Kraft

unseres geschäftlichen Erfolgs, sondern auch unser Leitfaden im Umgang mit Angestellten, Kunden, Freunden, unserer Familie und überhaupt allen Menschen, die uns Tag für Tag über den Weg laufen. Die Sympathien, die uns freundliche Worte, nette Gesten und Taten einbringen, legen den Grundstein für ein glückliches, erfolgreiches Leben. Es gehört wirklich nicht viel dazu, man muss es nur wollen.

In den folgenden Kapiteln werden wir Ihnen zeigen, wie die kleinen Dinge in den verschiedenen Bereichen des Lebens ihre große Wirkung entfalten; wie Sie dem Wald *und* den Bäumen Beachtung schenken, um die Macht der Kleinigkeiten auch in Ihrem Leben wirken zu lassen.

Kapitel 2

Kleine Wahrheiten

Das Leben lässt sich viel einfacher regeln, wenn man
kleinen Dingen größere Aufmerksamkeit schenkt.

Emily Dickinson

Wahrheit Nummer 1:
Wir leben in einer digitalen Welt

Ob es uns nun gefällt oder nicht: Das digitale Zeitalter hat
unseren Planeten zu einer heimeligen Community mit
sechs Milliarden Mitgliedern verdichtet, und mit jeder
Nanosekunde wachsen wir noch näher zusammen. Ungeachtet geografischer Grenzen überspannt ein überdimensionales, eng verflochtenes Netz zwischenmenschlicher
Kontakte unsere Erde. Wir trösten uns gegenseitig in Chatrooms, kehren unser Innerstes in Blogs nach außen und
pflegen mit Freunden am anderen Ende der Welt oft engere Kontakte als mit den netten Nachbarn von gegenüber.
Sieben Tage die Woche sind wir rund um die Uhr über
LinkedIn, YouTube, Facebook, Google und Blackberry
online und twittern, dass die Drähte glühen. Ob virtuelle
Weltreisen oder Partnersuche, ob billige Hilfskraft in Indien, die uns für sieben Dollar die Stunde lästige Erledigungen abnimmt oder das große Glück: Die Chance, das

Leben oder das Einkommen zu verbessern, ist immer nur einen Mausklick entfernt.

Wir von The Kaplan Thaler Group profitieren von diesem Verdichtungseffekt, der uns Millionen Dollar an Geld und Arbeitszeit spart. Als wir beschlossen, unsere Online-Werbekapazitäten auszubauen, beauftragten wir ein Spitzenteam aus Internetprofis und lagerten die Gestaltung von unzähligen Webseiten und Programmierjobs nach Costa Rica und Mumbai aus, wodurch sich der Kosten- und Zeitaufwand immens reduzierte. Bevor wir Werbespots fürs Fernsehen produzieren, erstellen wir vorab häufig sogenannte Animatics – gefilmte Storyboards in der Art von Zeichentrickfilmen –, anhand derer unsere Kunden entscheiden können, ob ihnen unsere Idee gefällt. Die Produktion solcher Prototypen dauerte früher zwei bis drei Wochen – kostbare Zeit, die den Ausstrahlungsstart und natürlich auch die Inrechnungstellung eines Werbespots verzögerte. Dann hatte die Gründerin des Unternehmens Animated Storyboard, Ezra Krausz, eine geniale Idee, wie sich dieses Zeitproblem in Wohlgefallen auflösen ließ. Dank ihrer Zweigstellen in New York, Tel Aviv und Bangkok war es möglich, ein Projekt im Prinzip mit dem Lauf der Sonne von einem internationalen Team an das nächste weiterzureichen, sobald in einer Zeitzone der Arbeitstag endete und in der nächsten anbrach. Durch die Zusammenarbeit mit Ezras Unternehmen vollbringen wir für unsere Kunden das Kunststück, sehr realistische Testwerbefilme über Nacht zu produzieren.

Das Leben in der vernetzten Welt bringt es aber auch mit sich, dass die Trennlinie zwischen geschützter Privatsphäre und totaler Transparenz und Verletzlichkeit mit nur einem Mausklick überschritten werden kann. Mit jedem Besuch einer x-beliebigen Webseite, mit jedem Einkauf im Internet geben wir erschreckend viel über uns preis. Der Inhalt jeder E-Mail kann schon morgen oder nächste Woche für Schlagzeilen sorgen. Das musste eine uns bekannte Anwaltskanzlei am eigenen Leib erfahren. In dieser Kanzlei gab es einen Partner, der seine Mitarbeiter regelmäßig per E-Mail abkanzelte. Sie leisteten so lausige Arbeit, dass es ein Wunder sei, dass die Mandanten nicht schon längst die Flucht ergriffen hätten, tobte er in einer dieser Mails. Eine Woche später entließ dieser Partner einen der angestellten Rechtsanwälte, und dieser rächte sich, indem er die beleidigenden E-Mails seines Exchefs an die örtliche Tageszeitung weiterleitete. Überflüssig zu erwähnen, dass sämtliche Mandanten den Zeitungsartikel lasen und viele daraufhin wirklich entsetzt die Flucht ergriffen – was die Kanzlei in ernsthafte Schwierigkeiten brachte.

Anonymität in den unendlichen Weiten des Cyberspace? Vergessen Sie es! Wir werden von allen Seiten beobachtet und genauestens durchleuchtet. Sie sind bei Rot über die Ampel gefahren? Dann hat man Sie vielleicht schon auf einer der Überwachungsseiten als Verkehrssünder geoutet. Ihr Garten gleicht einem Urwald? Nun, in den USA gibt es tatsächlich eine Webseite namens »rottenneighbor.com«, auf der verärgerte Anwohner Beweisfotos der ihrer Meinung nach vernachlässigten Vorgärten ihrer Nachbarn ins Netz stellen. Selbst ein Leserbrief in der Tageszeitung kann einen so heftigen Streit entfachen, dass auf YouTube zu einem Kreuzzug aufgerufen wird. Als ein Pädagoge in Florida seine Vorschulklasse darüber abstimmen ließ, ob ein Störenfried hinausgeworfen werden sollte, landete die Angelegenheit nicht nur beim Schuldirektor und dem Elternbeirat, sondern auch im Internet, und schon bald hagelte es Beschwerden, in denen Tausende von Internetnutzern die zuständige Schulbehörde dazu aufforderten, den Pädagogen sofort zu entlassen.

Zu den berüchtigtsten Geächteten unserer transparenten schönen neuen Welt zählt eine junge Südkoreanerin, die dank Internet wohl Zeit ihres Lebens unter dem Namen Dog Poop Girl – Fräulein Hundehaufen – bekannt sein wird. Als das Schoßhündchen der jungen Frau sein Geschäft in einer U-Bahn verrichtete, forderten die Mitreisenden sie natürlich auf, den Schlamassel zu beseitigen. Hilfsbereit boten ihr einige sogar Taschentücher an, doch die Hundebesitzerin weigerte sich, wurde auch noch frech und stieg an der nächsten Haltestelle aus, ohne den anrüchigen Haufen beseitigt zu haben. Einer der Fahrgäste hatte den Vorfall fotografisch dokumentiert und veröffentlichte die Bilder kurz darauf in einem beliebten koreanischen Blog. Innerhalb weniger Stunden war die junge Frau zum Gespött der Nation geworden. Nicht nur ihre Identität, sondern auch private Details aus ihrer Vergangenheit wurden online veröffentlicht, und sobald sie das Haus verließ, war sie dem öffentlichen Spott ausgeliefert. Es dauerte nicht lange, bis sich Medien aus aller Welt mit Begeisterung auf die Geschichte stürzten. Derart öffentlich erniedrigt und gedemütigt, sah sich Fräulein Hundehaufen dazu gezwungen, ihr Studium abzubrechen und im Internet eindringlich darum zu bitten, die Schikanen einzustellen, sonst sähe sie keinen anderen Ausweg mehr, als sich das Leben zu nehmen.

Was wir damit sagen möchten? Die Welt ist heutzutage – um mit Shakespeare zu sprechen – tatsächlich eine große Bühne, auf der sich wirklich jeder ins Rampenlicht stellen kann. Aber wir müssen uns eines klar machen: Der Auftritt auf dieser Bühne kann über unser Schicksal bestimmen. Es sind oft nur Kleinigkeiten, die darüber entscheiden, ob ein Auftritt in einem Triumph oder in einer Katastrophe endet. Machen Sie es sich zur Gewohnheit, die Momentaufnahmen Ihres Privat- und Berufslebens unter die Lupe zu nehmen. Selbst Banalitäten, über die man sich scheinbar keine grauen Haare wachsen lassen muss, sind es wert, beachtet zu werden. Das gilt für die Planung eines Zehn-Millionen-Dollar-Budgets ebenso wie für die Vorbereitung des nächsten Familientreffens. Die Achtsamkeit für Details kann Ihnen den entscheidenden Wettbewerbsvorsprung verschaffen; beachten Sie diese nicht, kann Sie das weit zurückwerfen.

Wahrheit Nummer 2:
Kleine Gesten lassen tief blicken

Als Linda beschloss, The Kaplan Thaler Group zu gründen, hatte sie nur einen einzigen Werbeauftrag: für das Produkt Herbal Essences Shampoo von Clairol. Unerfahren wie sie war, glaubte Linda, sie könnte die Werbekampagne ganz alleine von ihrem Büro in Manhattan aus bewältigen. Steve Sadove, ihr einziger Kunde und damaliger Präsident von Clairol, wies Linda taktvoll darauf hin, dass sie auf jeden Fall einen Geschäftspartner bräuchte, um sich auf ihre große Stärke – die kreative Gestaltung von Werbung – konzentrieren zu können. In Anbetracht der Tatsache, dass Linda über keinerlei Erfahrung in Unternehmensführung und Betriebswirtschaft verfügte, stimmte sie widerwillig zu und blätterte ihr Adressbuch von vorne bis hinten durch. Wer wäre wohl die perfekte Geschäftspartnerin? Ihr Kompagnon müsste eine brillante, durchsetzungsfähige und anspruchsvolle Teamspielerin sein, die nicht einfach zu allem Ja und Amen sagte. Für Linda stand fest, dass sie eine Partnerin mit Mumm in den Knochen brauchte, eine Frau, die sie unverblümt und schonungslos auf den Boden der Tatsachen zurückholte, bevor sie sich verzettelte oder Kunden mit genialen Kampagnen ruinierte. Anders ausgedrückt, sie brauchte ein Alter Ego.

Steve sah eine Zeit lang zu, wie Linda – erbarmungsloser als die Jury bei *Deutschland sucht den Superstar* – eine

Kandidatin nach der anderen als ungeeignet ausmusterte. Dann schritt er erneut ein und drängte darauf, dass sich Linda mit Robin Koval in Verbindung setzte, die derzeit bei einer großen Werbeagentur in New York die Werbeetats von Clairol verwaltete. Linda verabredete sich schließlich mit Robin in Michael's Muffins, einem Café, dessen Resopaldekor sich wohltuend von den damals angesagten Trendlokalen abhob, in denen die Gesundheitsapostel der Madison Avenue ihr Körnerfrühstück und ihr kalorienreduziertes und cholesterinfreies Rührei aus reinem Eiweiß zu sich nahmen. Robin war angenehm überrascht, und wie das Leben so spielt, knurrte ihr ganz zufällig auch der Magen.

Als Linda das Café betrat, saß Robin schon an einem der wackeligen Tische. Vor ihr lag ein Teller mit einem riesigen Müslimuffin, den sie fein säuberlich in zwei Hälften geteilt hatte. Robin begrüßte Linda sogleich mit den Worten: »Hallo, ich bin Robin Koval. Freut mich, Sie kennen zu lernen. Ich habe mir schon einmal einen Muffin bestellt, und er ist so riesig, dass ich mir dachte, wir könnten ihn uns teilen. Aber falls Sie keine Müslimuffins mögen oder lieber einen ganzen haben möchten, ist das natürlich auch kein Problem, dann lasse ich mir eine Hälfte einpacken.«

Es war (Geschäftspartner-)Liebe auf den ersten Biss. Robins kleine Geste verriet Linda mehr über ihre zukünftige Geschäftspartnerin als jeder noch so ausführliche Lebenslauf und zig Empfehlungsschreiben zusammen.

Robin hatte soeben unter Beweis gestellt, dass sie eine pro-aktive Teamspielerin war, die wirtschaftlich dachte und handelte und bereit war, die Initiative zu ergreifen – auch wenn es nur um etwas so Triviales wie ein Frühstück ging. Innerhalb einer Stunde war der Grundstein für die Partnerschaft gelegt.

13 Jahre und 200 Mitarbeiter später war The Kaplan Thaler Group die einzige US-amerikanische Werbeagentur dieser Größenordnung, die von Frauen gegründet wurde, von Frauen geleitet wird und landesweit zu den am schnellsten wachsenden Unternehmen zählt. So weit zu kommen war gewiss kein Zuckerschlecken, doch begonnen hatte alles mit einer Süßigkeit: einem halben Muffin.

Kleinigkeiten lassen oft tief blicken. Hält ein Bewerber während des Vorstellungsgesprächs Augenkontakt? Oder lässt er seinen Blick ständig schweifen, was ein Zeichen von Unsicherheit, aber auch von mangelndem Interesse sein kann? Wie oft stehen private oder geschäftliche Beziehungen von Anfang an unter einem schlechten Stern, nur weil eine Kleinigkeit übersehen wurde oder ein günstiger Augenblick ungenutzt verstrich?

Wie jeder Eheberater weiß, kann das Augenrollen eines Ehepartners während einer Therapiestunde darauf hindeuten, dass die Ehe nicht mehr zu retten ist, auch wenn es noch eine Weile dauern kann, bis ein Anwalt hinzugezogen wird – der Eheberater weiß das, weil das oft unbewusste Augenrollen von einer tiefsitzender Verachtung und Feindseligkeit gegenüber dem Partner zeugt. Meinungsforscher und Analysten wissen nur allzu gut, dass die großen Wahlkampfthemen bei den Wählern rasch in Vergessenheit geraten, dass sich Kleinigkeiten wie eine abfällige Bemerkung oder ein geistreicher Kommentar aber umso mehr in das Gedächtnis einbrennen und den Wendepunkt in der Wählergunst markieren können. Wenn Sie sich ein Bild über Ihren potenziellen Arbeitgeber verschaffen möchten, erfahren Sie vielleicht in einigen Minuten in der Eingangshalle mehr über das Unternehmen als in einer stundenlangen Internetrecherche. Nehmen Sie sich vor einem Vorstellungsgespräch fünf oder zehn Minuten Zeit, um die Atmosphäre auf sich wirken zu lassen. Sind die Gänge menschenleer, weil sich jeder in seinem Büro verbarrikadiert? Oder herrscht ein reges Kommen und Gehen, was auf ein kommunikatives und kooperatives Arbeitsklima hindeutet? Welches Unternehmensimage vermittelt das Personal am Empfang? Werden Anrufer kühl und überheblich abgewimmelt oder herzlich und hilfsbereit weitervermittelt? Sich vor einem Vorstellungsgespräch im Internet über den potenziellen Arbeitgeber zu informieren ist natürlich sinnvoll und wichtig, doch die subtilen Feinheiten, die ein Bild von der Unternehmenskultur und dem Betriebsklima vermitteln, lassen sich mit keiner Suchmaschine der Welt, sondern nur mit den eigenen Sinnen erfassen.

Wahrheit Nummer 3:
Jeder zählt – und kann etwas bewirken

Am Abend der US-Präsidentschaftswahl im Jahr 2000 rief Linda ihre Mutter in West Palm Beach an, um ihr zu berichten, dass George W. Bush nun doch die Stimmenmehrheit im Wahlkreis Florida gewonnen hatte, obwohl es zunächst nach einer Mehrheit für Al Gore ausgesehen hatte. Sie schildert den Gesprächsverlauf so:

»Es wundert mich nicht, dass es so ein Durcheinander bei der Auswertung gibt. Du hättest dir mal die Wahlkarten ansehen sollen«, meinte Lindas Mutter. »Dein Vater befürchtet, dass er aus Versehen für Pat Buchanan gestimmt hat.«

»Wie kommt er denn darauf?«, wollte ich wissen.

»Weil diese vorgestanzten Löcher auf den Wahlkarten so eng nebeneinander waren, dass man sich ganz leicht vertun konnte«, erklärte ihre Mutter. »Und ich gehe jede Wette mit dir ein, dass viele unserer Nachbarn dasselbe Problem hatten.«

»Zerbrich dir darüber nicht den Kopf«, beruhigte ich meine Mutter. »Ein paar Hundert Rentner aus Florida entscheiden mit Sicherheit nicht über unseren nächsten Präsidenten«, meinte ich leichthin.

Nun, der Rest ist Geschichte. Diese Wahl, über deren Ausgang letztlich der Oberste Gerichtshof entschied, begann mit einem winzigen Problem. Und auch wenn die Person, die es löste, die besten Absichten hatte, war die Problemlösung nicht die beste.

Um genügend Platz für die Namen der vielen Präsidentschaftskandidaten zu haben und die Wahlkarten in einer gut lesbaren Schriftgröße drucken zu können, entwarf Theresa LePore, die ehemalige Wahlleiterin für Palm Beach, das sogenannte Schmetterlingsdesign. Mit der leicht versetzten Anordnung der Namen und den vorgestanzten Löchern in der Mitte sollte die Wahlkarte übersichtlicher werden, doch das Gegenteil war der Fall. Durch die verwirrende Gestaltung kam es zu Tausenden falsch abgegebenen Wählerstimmen und ungültigen Wahlkarten. Das neue Schmetterlingsdesign löste eine Kettenreaktion aus, die letztlich den Wahlsieger bestimmte und den Lauf der Geschichte entscheidend beeinflusste. Die Ereignisse, die kleine Dinge ins Rollen bringen können, dürfen wahrlich nicht unterschätzt werden.

Wer glaubt, ein Einzelner könne nichts bewirken, täuscht sich. Die endgültige Lösung für ein hartnäckiges Geschäftsproblem, der entscheidende Impuls, der eine Gemeinschaft zusammenschweißt oder weltbewegende Veränderungen anstößt – all das kann von einem Menschen ausgehen, von dem man es am wenigsten erwartet hat.

Einer unserer ehemaligen Kunden, eine Restaurantkette, hatte vor einigen Jahren das Problem, dass im Restaurantbetrieb ständig Gläser zu Bruch gingen, was auf die Dauer eine ziemlich kostspielige Angelegenheit war.

Schließlich trafen sich die Regional- und Bezirksleiter in einem der Restaurants, um gemeinsam eine Lösung zu erarbeiten. Sollte vielleicht ein neues Schulungsprogramm für die Mitarbeiter entwickelt werden? Sollte man es mit einer bruchsicheren Glasmarke probieren? Als einer der Hilfskellner zufällig hörte, worum es in der Diskussion ging, nahm er einen der Manager zur Seite und führte ihn in die Küche, um ihm zu zeigen, wie stark die Geschirr-spüler im Betrieb vibrierten. Der ungewöhnlich häufige Glasbruch könnte auch die Folge von Materialermüdung sein, da die Gläser mehrmals täglich gespült werden, meinte der Hilfskellner. Der Manager veranlasste darauf-hin, dass die Geschirrspüler ausgetauscht wurden, und siehe da, das Problem war behoben. Der Restaurantkette blieben Ausgaben in Millionenhöhe erspart, und der Hilfskellner erhielt ein stattliches Trinkgeld in Höhe von 150 000 US-Dollar.

Untersuchungen haben ergeben, dass die gute alte Zettelbox für Verbesserungsvorschläge der Belegschaft nach wie vor das höchste Spar- und Gewinnpotenzial für Unternehmen jeder Größenordnung in sich birgt. Der US-amerikanische Bundesverband für Ideenmanagement und Vorschlagswesen in Chicago schätzt, dass Verbesse-rungsvorschläge seitens der Mitarbeiter den Unternehmen Einsparungen von über zwei Milliarden US-Dollar bescher-ten. Immerhin werden rund 37 Prozent der eingereichten Vorschläge tatsächlich umgesetzt, so auch die Idee eines Hausmeisters, der in dem historischen Hotel El Cortez in

San Diego arbeitete. Auslöser war der Beschluss der Hotelleitung, den Gästen zuliebe einen zusätzlichen Aufzug einbauen zu lassen. Es schien notwendig zu sein, das Hotel für mehrere Monate zu schließen, damit der Aufzugsschacht durch jedes Stockwerk geschlagen werden konnte. Der Hausmeister konnte sich nicht nur lebhaft vorstellen, welches Chaos aufgrund der Bauarbeiten ausbrechen würde, sondern er sorgte sich auch um die Hotelangestellten, die vorerst arbeitslos wären. Daher unterbreitete er einen höchst praktischen, sauberen und in seiner Schlichtheit genialen Gegenvorschlag: Man könnte den Aufzug doch auch an der Fassade bauen! In diesem Fall könnte der Hotelbetrieb weiterlaufen, es müsste niemand freigestellt werden, und die Gäste würden durch die Außenarbeiten nicht gestört. Die Ingenieure waren einverstanden, und das El Cortez wurde das erste Hotel in San Diego, das seinen Gästen vom Fahrstuhl aus eine fantastische Aussicht auf die Bucht bieten konnte. Heutzutage sind einige der exklusivsten Nobelhotels der Welt nicht zuletzt durch ihre Außenaufzüge so beliebt.

Wahrheit Nummer 4:
Gute Taten werden immer belohnt

Vor zehn Jahren war Scott Fimple noch Fähnrich der Marine, stationiert bei der Küstenwache in Washington, D. C. Wenn er gerade nicht auf See war, arbeitete er in einem

riesigen Bürokomplex, in dessen Labyrinth aus Gebäude-
flügeln und Gängen man sich leicht verlaufen konnte.

Als Scott eines Tages die Lobby in Richtung Kantine
durchquerte, fiel ihm ein älterer Herr in Zivilkleidung auf,
der aussah, als hätte er die Orientierung verloren.

Freundlich lächelnd ging Scott auf den Besucher zu.
»Kann ich Ihnen helfen?«, fragte er.

Wie sich herausstellte, war der ältere Herr mit Scotts
Vorgesetztem verabredet. Scott stellte sich vor und gelei-
tete den Besucher zu dem Büro des Offiziers. Dort wechselten er und der Besucher noch einige freundliche Worte,
verabschiedeten sich, und anschließend ging jeder seines
Weges.

Einige Monate später wurde Scott zu seinem Vorgesetzten zitiert, der ihn mit einer guten Nachricht überraschte:
Für seine hervorragenden Leistungen sollte Scott nun mit
der heißbegehrten Verdienstmedaille der US-amerikanischen Marine ausgezeichnet werden. Scott war so perplex, dass ihm fast die Worte fehlten und er gerade mal ein
Dankeschön hervorstieß.

Etwas später erfuhr er, dass er die Auszeichnung einem
Empfehlungsschreiben von Admiral Dwayne Griffith zu
verdanken hatte, dem sämtliche Abteilungen des Büro-
komplexes unterstanden. Scott stand vor einem Rätsel: Er
war Admiral Griffith noch niemals begegnet. Weshalb
sollte er Scott für die Verdienstmedaille vorschlagen?

Es stellte sich heraus, dass der »Fremde«, den Scott so
hilfsbereit zu dem Büro seines Vorgesetzten begleitet hat-

te, niemand anderer als der Admiral höchstpersönlich gewesen war, der nur deshalb Zivilkleidung trug, weil er noch mit einem Freund zu einem privaten Essen verabredet war.

Es hätte für Scott Fimple keine bösen Folgen gehabt, dem Admiral seine Hilfe nicht anzubieten, und dieser hätte den richtigen Weg sicherlich auch alleine gefunden. Besucher zu eskortieren, fiel nicht in Scotts Zuständigkeitsbereich, und es wurde auch nicht von ihm erwartet, sich dafür zuständig zu fühlen. Scott tat einfach ganz spontan das, was er in diesem Moment für richtig hielt. Das Interessante daran ist, was Scott entgangen wäre, hätte er dem Admiral *nicht* geholfen. Womit wir bei der Moral der Geschichte angelangt wären: Auch wenn man nichts tut, tut sich etwas. Vielleicht schließt sich dadurch eine Tür, oder eine gute Gelegenheit verstreicht ungenutzt. Jede Interaktion sollte als Chance begriffen werden, die neue Möglichkeiten eröffnet. Geschäftliche Pläne und Unternehmensziele sollten regelmäßig in ihre Einzelteile zerlegt werden, um den Blick für die Details zu schärfen. Jeder Anruf, jede E-Mail, jeder Kontakt mit einem Kunden, Mandanten, Patienten oder Kollegen birgt die Chance, über sich selbst hinauszuwachsen, etwas Unerwartetes zu tun und dabei sein wahres Ich zu offenbaren.

Mit kleinen Schritten weit kommen

Werden Sie zu einem »Mini-Jobber«. Scheint Ihre To-do-Liste auch immer länger statt kürzer zu werden? Ist es nicht wie verhext, wie hartnäckig sich manche Aufgaben über Tage, Wochen und Monate auf der Liste halten? Der Grund dafür ist, dass Vorhaben wie »das Haus verkaufen«, »das Forschungsprojekt abschließen« oder »die Marketingkampagne fertigstellen« keine Kleinigkeiten sind. Erstellen Sie zu Wochenbeginn statt einer To-do-Liste mit umfangreichen, schwierig zu bewältigenden Aufgaben lieber einen Aktionsplan, auf dem Sie die vielen kleinen Minijobs eintragen, die Sie problemlos erledigen können und die Sie Schritt für Schritt Ihren großen Zielen näher bringen. Statt sich mit dem Vorhaben »das Haus verkaufen« zu übernehmen, nehmen Sie sich die dafür erforderlichen Miniaufgaben vor: Makler anrufen (abhaken), Hausbeschreibung verfassen (abhaken), Kellerfenster reparieren lassen (abhaken). Statt angesichts der wieder einmal nicht erledigten Megaaufgaben Woche für Woche in Panik zu verfallen, können Sie auf diese Weise stolz und zufrieden auf die vielen abgehakten Miniaufgaben zurückblicken, die Sie Woche für Woche Ihrem großen Ziel näher bringen.

Freuen Sie sich über Kleinigkeiten. Der Berufsverkehr war die Hölle, Ihr neuer Kunde kam eine halbe Stunde zu spät zu Ihrer Besprechung und hat Ihren Zeitplan für den Rest des Tages völlig durcheinander gebracht. Beim Mittagessen haben Sie sich nicht mit Ruhm, sondern mit Senfdressing bekleckert, was auf Ihrer weißen Bluse besonders gut zur Geltung kommt. So ziemlich alles lief heute schief. Okay, dann ist es höchste Zeit, jetzt einmal die »Pause«-Taste zu drücken. Gönnen Sie sich eine Verschnaufpause. Halten Sie sich die schönen Momente des Tages vor Augen. Haben Sie sich nicht darüber gefreut, dass Ihr Sohn Sie angerufen und sich für Ihre Unterstützung bei seiner Hausarbeit bedankt hat? Und waren Sie nicht stolz darauf, dass Ihr Chef heute einen Mitarbeiter Ihres Teams in höchsten Tönen gelobt hat? Lichtblicke gibt es selbst an den stressigsten Tagen. Wenn Sie wieder einmal einen Stresstag haben, nehmen Sie sich die Zeit, um fünf schöne Erlebnisse aufzuschreiben. Erfreuen Sie sich daran. Überlegen Sie, was Sie zu diesen schönen Momenten beigetragen haben, und nehmen Sie sich vor, morgen noch mehr dafür zu tun.

Sammeln Sie Pluspunkte. Man kann nicht jeden Tag Heldentaten und Meisterleistungen vollbringen, um einen guten Eindruck bei anderen zu hinterlassen. Dennoch gilt in unserer heutigen Zeit: Für nichts gibt's nichts, eine Hand wäscht die andere. Daher kommt es darauf an, jede Gelegenheit und jede Interaktion dafür zu nutzen, Pluspunkte zu sammeln, was auch mit Kleinigkeiten sehr gut möglich ist. Beginnen Sie beispielsweise jede Besprechung mit einem Lob für den Jüngsten in der Runde. Nehmen Sie ein paar Plastikbeutel und Hundekuchen mehr mit, wenn Sie mit Ihrem Hund Gassi gehen, um einem anderen Herrchen oder Frauchen aushelfen zu können. Warten Sie auf den Nachzügler, der auch noch gerne im Aufzug mitfahren möchte. Bringen Sie einen zweiten Regenschirm zur allgemeinen Verwendung mit ins Büro. Kleine Aufmerksamkeiten wie diese kosten Sie weder Zeit noch Mühe, bleiben aber positiv in Erinnerung und verhelfen Ihnen mit der Zeit zu dem Ruf, ein hilfsbereiter, freundlicher Mensch zu sein, an den man sich immer wenden kann. Und wenn Sie dann einmal jemanden um einen Gefallen bitten, haben Sie so viele Pluspunkte gesammelt, dass er Ihnen diese Bitte ganz sicherlich nicht abschlagen wird. Ihre kleinen Aufmerksamkeiten machen sich mit Zins und Zinseszins bezahlt!

Kapitel 3
Smalltalk – Alltagsgespräche

Von einem guten Kompliment
kann ich zwei Monate leben.
Mark Twain

Es ist doch sehr traurig, dass kleine Plaudereien im Alltag im Allgemeinen als überflüssige Zeitverschwendung gelten. Wer nicht einmal mit den eigenen Kindern über Belanglosigkeiten plaudert, hat schon gar keine Zeit und Nerven für ein Schwätzchen mit dem Nachbarn. In der mobilen, flexiblen Welt wechselt die US-amerikanische Durchschnittsfamilie alle fünf Jahre ihren Wohnort und verliert darüber offensichtlich das Interesse an den Menschen, die in ihrer Nachbarschaft leben. Wer fragt schon: Wie war es im Urlaub? Wie läuft es im Job? Spielt Ihre Tochter noch Tennis? Einfach mal so Smalltalk zu machen wird als reine Zeitverschwendung betrachtet.

Internet und E-Mail verstärken den generellen Trend, immer weniger Worte miteinander zu wechseln. Die tägliche Kommunikation verlagert sich zunehmend in die sterile Welt digitaler Bits und Bytes, die ohne jede persönliche Note kreuz und quer über die Datenautobahnen rauschen. »Kommunikation ist das Schlagwort unserer Zeit, und doch kommunizieren wir immer weniger miteinander«, bringt es der Journalist Studs Terkel auf den Punkt. Wie oft »sprechen« Sie mit Ihren Arbeitskollegen im Büro nebenan nur per E-Mail, anstatt persönlich vorbeizuschauen? Läuft die Kommunikation mit Ihnen nicht auch häufiger über Outlook anstatt über ein persönliches Gespräch oder ein Telefonat ab? Leidet nicht die Qualität zwischenmenschlicher Interaktionen, wenn Tonfall, Mimik, Gestik und Körpersprache aus der Kommunikation herausfallen? Der Verhaltenspsychologe und Dekan der Kent-State-Universität Dr. Lester Lefton meint dazu: »Je mehr es sich durchsetzt, über Blackberry und per SMS zu kommunizieren, je mehr Telearbeiter in Jogginghosen isoliert und ohne persönlichen Kontakt zu ihren Arbeitskollegen an ihren Computern sitzen, umso mehr gerät die Kunst der sozialen Interaktion in Vergessenheit. Wir verlernen die subtilen Feinheiten des menschlichen Miteinanders.« Fakt ist: Mit den zahlreichen neuen »Freunden«, die uns MySpace, Facebook und LinkedIn bescheren, werden wir uns wohl nie von Angesicht zu Angesicht unterhalten. In einem kürzlich in der *New York Times* erschienenen Artikel wurde das Treiben auf Webseiten wie MySpace und Facebook als »immerwährende Cocktailparty« beschrieben. »Jeder kommt und geht, wie es ihm beliebt, und um mit den anderen Gästen zu kommunizieren, werden Haftnotizen mit kurzen Mitteilungen an den Kühlschrank geklebt.«

Die Folge? Selbst den einfachsten Gesprächen mangelt es mittlerweile an Menschlichkeit. Wir kapseln uns zunehmend von zwischenmenschlichen Interaktionen ab, grenzen Zufallsbegegnungen aus unserem Leben aus und isolieren uns von dem weiten Kreis mehr oder weniger entfernter Bekannter, die vor nicht allzu langer Zeit noch Teil unseres Lebens waren und es nicht selten mitgestaltet haben. Kommunikation muss heutzutage zielgerichtet und informativ sein. In unserer Gesellschaft hält sich jeder extrem zurück, erklärt der Psychologe Bernardo Carducci. Kein Wunder, dass dem US-amerikanischen Fachverband für Psychologie zufolge Sozialphobien mittlerweile die dritthäufigste psychische Erkrankung sind, unter der 13 Prozent der US-amerikanischen Bevölkerung leiden.

Wer Alltagsgespräche aus seinem Leben verbannt, kappt ein wichtiges Band, das ihn mit anderen Menschen verbindet. Wie Carducci erläutert, dient der Austausch belangloser Nettigkeiten dem Zweck, das Eis zu brechen und miteinander warm zu werden. Jede Liebesgeschichte, jeder Geschäftsabschluss beginnt mit einigen unverfänglichen, freundlichen Worten. Smalltalk ist der Stoff, der das soziale Gefüge ölt und die unterschiedlichsten Menschen zusammenbringt. Und genau davon können wir auf oft überraschende Weise profitieren.

Ein Engel für Charlie

Der Afroamerikaner Charlie arbeitete Anfang der 1970er Jahre bei einem Ford-Händler in Detroit als Automechaniker. An seiner Servicebucht kam jeder vorbei, der in die Werkstatt wollte, und jeder wurde von dem immer gut aufgelegten Charlie herzlich begrüßt und in ein kleines Gespräch verwickelt. Charlie hatte stets einen flotten Spruch auf den Lippen, und das war vielen Kunden Grund genug, ihm und der Werkstatt treu zu bleiben.

Einer seiner Stammkunden war ein wohlhabender weißer Geschäftsmann namens Bill, dem es immer Vergnügen bereitete, mit dem schlagfertigen Automechaniker zu plaudern, während dieser an Bills Auto herumschraubte. Sie erzählten sich alberne Witze und haarsträubende Geschichten, und oft schallte das Gelächter der beiden durch die gesamte Werkstatt. In einer von Rassenunruhen und gegenseitigem Misstrauen geprägten Zeit war Smalltalk für Charlie und Bill die Brücke, über die sie die Kluft zwischen Schwarz und Weiß, zwischen Arm und Reich überwinden konnten.

Eines Tages bekam Charlie auf der Arbeit überraschend Besuch von einem gut gekleideten Herrn, der sich als Bills Anwalt und Testamentsvollstrecker vorstellte. Bill war gestorben und hatte Charlie einen gut gehenden Eisenwarenladen im Zentrum von Detroit vererbt. Charlie war sprachlos. Was hatte Bill dazu veranlasst, ihn in seinem Testament zu bedenken? Sie waren doch nur flüchtige Bekannte! Die simple Erklärung lautete: Bill schätzte und vertraute Charlie. In all den Jahren, in denen sich Bill und Charlie ungeachtet aller ethnischen und sozialen Unterschiede wie gute Bekannte über alles Mögliche und Unmögliche unterhielten, hatte Bill mehr über Charlies Wesen erfahren, als ihm irgendeine ethnisch-soziologische Abhandlung hätte verraten können.

Und Bill hatte sich in Charlie nicht getäuscht. Der Automechaniker blieb sich trotz der unverhofften Erbschaft treu. Da sich Charlie nicht dazu berufen fühlte, eine Eisenwarenhandlung zu führen, verkaufte er sie. In Größenwahn und Kaufrausch zu verfallen war aber auch nicht Charlies Art, und so zeugte lediglich der nagelneue Ford LTD, in dem er jeden Morgen stolz zur Arbeit fuhr, von seinem plötzlichen Wohlstand. Er leistete es sich auch, mit seiner Frau nach New York zu reisen und dort im legendären Waldorf Astoria zu logieren. Davon hatte er schon lange geträumt, und es sollte nicht die einzige Reise nach New York bleiben. Im Waldorf Astoria kannte man die beiden schon bald als treue Stammgäste. Aber nach jedem Wochenendausflug war Charlie am Montag um acht Uhr wieder in der Werkstatt, reparierte Autos und schloss neue Bekanntschaften. Er ging seiner Arbeit nach, bis der Ford-Händler bankrott ging. Das letzte Mal, als Charlie von einem seiner Exkollegen gesichtet wurde, saß der ehemalige Automechaniker auf einer kleinen Insel im Detroit River und angelte. Er sah sehr glücklich aus.

Was lernen wir aus dieser Geschichte? Charlie plauderte mit Bill, wie ihm der Schnabel gewachsen war. Ohne jeden Hintergedanken. Aber nur dank Charlies Aufgeschlossenheit und Bereitschaft, auf andere Menschen zuzugehen und sich über Alltägliches zu unterhalten, ergab sich aus einer der vielen Zufallsbegegnungen die Chance, dass sich der Mechaniker einen Traum erfüllen konnte.

Smalltalk bietet die Möglichkeit, sich gegenseitig zu beschnuppern, Gemeinsamkeiten herauszufinden und sich behutsam an die Interessen, Vorlieben und Ansichten des Gesprächspartners heranzutasten. Bei Kaplan Thaler stellen wir zum Beispiel immer wieder fest, dass sich während des Austauschs von Höflichkeiten, den es üblicherweise vor Geschäftsbesprechungen gibt, oft die besten Hinweise darauf heraushören lassen, was unseren Kunden gefallen könnte. Eine gemeinsame Basis zu finden ist eine Sache von wenigen Sekunden, doch der Grundstein, der damit gelegt wird, hält vielleicht für die Ewigkeit – oder zumindest für die Dauer der Geschäftsbeziehung. Als uns einmal das erste Treffen mit einem neuen und nicht gerade kommunikativen Kunden bevorstand, waren wir etwas nervös, weil wir noch nicht wussten, wie wir das Eis brechen sollten. Als der Kunde am Nachmittag eintraf, diskutierte Linda noch mit einem anderen Kunden am Telefon. Daher musste Robin alleine an die Front und versuchen, ein Gespräch in Gang zu bringen. Nachdem sie herausgefunden hatte, dass unser Neukunde in Massachusetts aufgewachsen war, erzählte ihm Robin, dass ihr Mann Kenny als Kind dort regelmäßig die großen Ferien in einem Sommercamp am See verbracht hatte und noch heute davon schwärmte. Sie und ihr Mann planten sogar, sich ein Ferienhaus an diesem See zu kaufen. Plötzlich taute der bis dahin extrem wortkarge Mann auf. Er kannte diesen See nicht nur, sondern war von ihm und der gesamten Gegend ebenso begeistert wie Robin und ihr Mann. Und außerdem besaß er doch tatsächlich ein Grundstück direkt am Seeufer! Bis sich das Gespräch dann den geschäftlichen Angelegenheiten zuwandte, war Robin ihrem Ferienhaus am See ein gutes Stück näher gekommen, und unser Kunde war wesentlich entspannter und freundlicher. In unverfänglichen Alltagsgesprächen lassen sich Gemeinsamkeiten und Anknüpfungspunkte entdecken, die ansonsten nie zur Sprache kämen. Und wer nichts über seinen Gesprächspartner weiß, läuft Gefahr, versehentlich in ein Fettnäpfchen zu tappen, was die ersten Bande einer sich anbahnenden Beziehung schnell wieder kappen kann. Es sind die Themen des Alltags, die sich wie ein roter Faden durch die komplizierten Lebensmuster ganz unterschiedlicher Menschen ziehen. Wenn überhaupt, plaudern wir in unserer vernetzten Welt rein zum Vergnügen nur mit Freunden und Bekannten und manchmal aus Berechnung mit bestimmten Menschen, weil man sich davon einen beruflichen oder privaten Nutzen verspricht. Doch dadurch bringen wir uns um einen Teil unseres Lebens, der es bereichert und lebenswert macht.

Noch bevor ein kleiner Erdenbürger überhaupt in der Lage ist, ein verständliches Wort von sich zu geben, hat er schon das Bedürfnis nach zwischenmenschlicher Kommunikation, ob nun verbal oder nonverbal. Der Psychologe und Bestsellerautor Daniel Goleman bezeichnet die liebevolle Mimik, jedes kurze Lächeln zwischen Mutter und

Kind, als »Protokonversation« – als nonverbale Verständigung, aus der das dringende Bedürfnis erwächst, sich beständig mit anderen Menschen über kleine, momentane Interaktionen auszutauschen, Rückmeldung zu geben und zu erhalten. Goleman wies nach, wie sensibel wir auf die kleinsten Signale der sozialen Interaktion reagieren. Bleibt das von einem Baby erwartete liebevolle Lächeln der Mutter aus, reagiert es verstört und zieht sich sofort zurück. Die Protokonversation im Säuglingsalter legt den Grundstein dafür, im Erwachsenenalter soziale und emotionale Bindungen mit Freunden, Kollegen, Familienmitgliedern und Fremden knüpfen und pflegen zu können.

Die Angewohnheit, immer mal wieder ein paar Takte zu plaudern, rettete Annamarie Ausnes im wahrsten Sinn des Wortes sogar das Leben.

Der rettende Espresso

Annamarie Ausnes war der Typ Frau, der sich noch für die kleinste Kleinigkeit interessiert, die sich im Leben anderer abspielt, und sich so gut wie alles merken kann. Ihr Stammcafé war die Starbucks-Filiale Ecke North Proctor und 26. Straße in Tacoma, Washington. Die 55-Jährige arbeitete als Verwaltungsangestellte an der Universität, und jeden Morgen legte sie auf ihrem Weg zur Arbeit einen Zwischenstopp bei Starbucks ein. Sandie Anderson, die 51-jährige Frau hinter dem Tresen, wusste zwar nicht, wie Annamarie hieß; aber was ihre Stammkundin wollte, war ihr vollkommen klar: einen doppelten Espresso, und der stand jeden Morgen für sie bereit.

Annamarie bezahlte immer mit Kleingeld, und während sie in ihrem Geldbeutel nach den Münzen kramte, wechselten sie und Sandie ein paar nette Worte. Mal plauderten sie über den Geburtstag eines Enkelkinds, mal über einen besonders schönen Urlaub, und ein anderes Mal über den Besuch von Verwandten.

Eines Morgens fiel Sandie auf, dass die sonst so lebhafte und gesprächige Annamarie sehr bedrückt wirkte. »Was ist los?«, erkundigte sich Sandie. »Geht es Ihnen nicht gut?« Annamarie wehrte zuerst ab, doch Sandie hakte sanft, aber bestimmt nach, bis Annamarie sich ihr schließlich anvertraute:

»Ich bin gerade eben auf die Transplantationsliste gesetzt worden und muss ab sofort zur Dialyse.« Die polyzystische Nierenerkrankung, an der sie seit 17 Jahren litt, hatte ein lebensbedrohliches Stadium erreicht, doch es stand keine Spenderniere zur Verfügung. Keiner von Annamaries Angehörigen kam als Spender infrage, und bis über die Organbank eine passende Niere gefunden wurde, konnten Jahre vergehen.

»Mein erster Gedanke war, dass Annamaries jüngste Enkeltochter Ava nicht ohne Großmutter aufwachsen sollte«, erinnert sich Sandie. Sie selbst hatte drei Enkelkinder, die sie von ganzem Herzen liebte. Spontan bot sie Annamarie über den Tresen hinweg an:

»Ich lasse mich testen. Vielleicht bin ich eine geeignete Spenderin.«

Dieses großzügige und vollkommen unerwartete Hilfsangebot rührte Annamarie zutiefst. Große Hoffnungen wollte sie sich jedoch nicht machen. Die Wahrscheinlichkeit, dass Sandie als geeignete Spenderin infrage kam, war extrem klein, und selbst wenn sich ihre Werte als kompatibel herausstellen sollten, könnte Sandie ihr Angebot auch jederzeit wieder zurückziehen. Annamarie würde es ihr nicht einmal verübeln, denn schließlich waren sie ja nur flüchtige Bekannte. Doch jeden Tag versicherte Sandie ihr, dass sie zu ihrem Angebot stünde.

Eines Morgens wartete nicht nur ein doppelter Espresso, sondern auch die vor Freude strahlende Sandie auf Annamarie. Aufgeregt ergriff sie Annamaries Hand und drückte sie fest. »Meine Werte passen!«, platzte es aus ihr heraus. Schluchzend vor Freude fielen sich die beiden Frauen in die Arme, während die Schlange der verblüfften Kunden an Sandies Kasse immer länger wurde.

»Wir standen einfach nur da und weinten vor Erleichterung und Freude«, erinnert sich Annamarie. »Die Schlange der Leute reichte schon bis auf die Straße, aber in dem Moment hatten wir alles um uns herum vergessen.«

Was hatte eine ihr im Prinzip fremde Frau dazu bewogen, Annamarie eine Niere zu spenden? Annamarie führt dies auf die kurzen, täglichen Unterhaltungen zwischen ihr und Sandie zurück. »Wenn Sie jemandem in die Augen blicken, entdecken Sie darin vielleicht eine verwandte Seele, zu der eine tiefe Verbindung entsteht.«

Während des täglich wiederholten Rituals – Annamarie zählte ihr Kleingeld ab und unterhielt sich währenddessen mit Sandie – war nach und nach das Fundament für eine tiefe, freundschaftliche Bindung gelegt worden. »Wer hätte gedacht, dass mir mein täglicher Espresso irgendwann einmal buchstäblich das Leben retten würde?«, wundert sich Annamarie noch heute.

Sandie hielt Wort. Die Transplantation fand am 11. März 2008 statt und verlief sowohl für die Spenderin als auch für die Empfängerin problemlos. Als die beiden Frauen aus der Narkose erwachten, galt ihr erster Gedanke der jeweils anderen. »Wir wollten nur eins: miteinander reden, reden und reden«, erklärt Sandie freimütig mit dem für sie typischen warmherzigen Lächeln, das Annamarie so sehr zu schätzen gelernt hat.

Wir schotten uns in unserer Gesellschaft so sehr von der Außenwelt ab, dass uns der Austausch von Belanglosigkeiten als immer überflüssiger erscheint. Jeder ist mit sich selbst beschäftigt und konzentriert sich ausschließlich darauf, ziel- und ergebnisorientiert von A nach B, von null auf hundert zu kommen. Darüber gerät vollkommen in Vergessenheit, wie wichtig es ist, sich anderen auch immer wieder einmal von der verletzlichen, weichen Seite zu zeigen. Auch Annamarie ging zuerst reflexartig in Abwehrstellung. Was wäre passiert, wenn Sandie nicht weiter nachgehakt hätte? Hier hing ein Menschenleben am seidenen Faden, und er wäre vielleicht schon bald gerissen, wenn nicht beide Frauen über ihren Schatten gesprungen wären. Annamarie überwand sich dazu, sich verletzlich zu zeigen, und Sandie überwand sich dazu, sich in etwas einzumischen, was sie eigentlich nichts anging. Die Geschichte von Annamarie und Sandie macht auf eindringliche Weise klar, wie wichtig es ist, hinter die vertrauten Masken und Rollen zu blicken, in denen uns unsere Mitmenschen Tag für Tag begegnen. In der Hektik des Alltags nehmen wir die Menschen, die kurze Gastauftritte in unserem Leben haben, in der Regel nur über die Rollen und Funktionen wahr, die sie ausüben: den Mann am Kiosk als Zeitungsverkäufer, die Frau im Supermarkt als Kassiererin. Dass hinter jeder Dienstleistung und in jeder Dienstkleidung auch ein menschliches Wesen steckt, wird oft übersehen. Ein paar Augenblicke Zeit und ein paar freundliche Worte genügen, um einem anderen Menschen die Hand zu reichen – und ihm damit vielleicht sogar das Leben zu retten.

Schweigen ist Silber, Reden ist Gold

Beim Kennenlernen entscheiden Studien zufolge die ersten sieben Sekunden über Sympathie oder Antipathie zwischen den Beteiligten. Geht es dabei um Geschäftskontakte, entscheiden diese Sekunden über Erfolg oder Scheitern. »Hat Ihr Gegenüber erst einmal gedanklich das Urteil

›sympathisch‹ oder ›unsympathisch‹ über Sie gefällt, bleibt es an Ihnen haften, ganz egal, was Sie sagen und tun. Sind Sie dem anderen sympathisch, sieht er immer nur das Gute in Ihnen. Kann er Sie nicht leiden, unterstellt er Ihnen prinzipiell, dass Sie ihn nur über den Tisch ziehen wollen«, erklärt Carol Kinsey Goman, Autorin des Buchs *The Nonverbal Advantage*.

Wer die Kunst der Konversation beherrscht, kann entscheidend beeinflussen, wie die anderen ihn sehen und ob er ihnen auf Anhieb sympathisch oder unsympathisch ist. Und diese Sympathien – oder Antipathien – können sich nachhaltig auf das Berufs- oder Privatleben auswirken. Im Rahmen einer Studie verfolgte Thomas Harrell, Professor an der Stanford-Universität, den Karriereverlauf einer Gruppe graduierter Betriebswirte. Dabei stellte er fest, dass die beruflich Erfolgreichsten nicht diejenigen mit den besten Diplomnoten waren – es waren vielmehr diejenigen mit den besten Kommunikationsfähigkeiten, die es dank ihrer Sozialkompetenzen in die höchsten und bestbezahlten Positionen gebracht hatten.

Die Kunst der Konversation als Karrierekick und Knackpunkt für ein schöneres Leben? Ja, wenn man weiß, wie es funktioniert, ist das durchaus möglich. Hierzu im Folgenden ein paar Tipps.

Mut zur Albernheit

Wie lässt sich am besten sicherstellen, dass bei einer Besprechung etwas Produktives herauskommt? Indem man zu Beginn ein bisschen herumalbert. Ernsthaft!

Chris Robert, Psychologe an der Universität Missouri, wies nach, dass Humor am Arbeitsplatz die Kreativität und Leistungsfähigkeit der Mitarbeiter steigert. Das können wir aus eigener Erfahrung bestätigen. Bei uns wird vor jedem Brainstorming für eine neue Werbekampagne herumgealbert und der eine oder andere Witz vom Stapel gelassen. Wir tun das, um für eine lockere, entspannte Atmosphäre zu sorgen und den Stresspegel zu senken. Schließlich kann kein Mensch seiner Kreativität und seinen Gedanken freien Lauf lassen, wenn er sich angespannt und unter Druck gesetzt fühlt. Die Tatsache, dass heutzutage jeder US-Amerikaner den Markennamen Aflac kennt, ist einzig unseren Albernheiten zu verdanken.

Doch hier die ganze Geschichte, die wir immer wieder gerne zum Besten geben: Wir hatten schon seit Wochen nach einer zündenden Idee für die Aflac-Werbekampagne gesucht, doch wir kamen nicht so recht weiter. Schon allein der Name – Aflac – war nicht wirklich einprägsam, und eine Versicherungsgesellschaft gab auch nicht viel her, was sich spannend und interessant vermarkten ließ. Nicht einmal die Leute, die an der Aflac-Kampagne mitarbeiteten, konnten sich den Namen des Kunden merken (Aflac steht übrigens für American Familiy Life Assurance Company). Je näher der Termin rückte, an dem wir dem Vorstand unsere Kampagne präsentieren sollten, umso fieberhafter suchten wir nach der zündenden Idee, die den Knoten lösen würde, doch es war wie verhext. Uns fiel einfach nichts ein. Als wir uns wieder einmal in einer Brainstormingsitzung die Köpfe heiß redeten, verkündete Eric David, einer unserer Kreativdirektoren, ihm rauche der Kopf, er brauche unbedingt etwas frische Luft und ein Sandwich vom Laden an der nächsten Ecke. Er zog los, und unterwegs murmelte er unaufhörlich »Aflac-Aflac-Aflac« vor sich hin. Der kleine Spaziergang hatte ihm offensichtlich gut getan, denn als er mit seinem Corned-Beef-Sandwich zurückkam, hatte sich seine Laune enorm gebessert. Fröhlich und ziemlich albern hielt er sich die Nase zu, quäkte seinem Kollegen Tom Amico »AFLAC!« zu und watschelte herum wie eine Ente.

Ein derartig ungehöriges Benehmen während einer Geschäftsbesprechung mag jenseits der Film- und Werbebranche absolut inakzeptabel und undenkbar erscheinen, doch uns war eines sofort klar: Die zündende Idee, nach der wir so verzweifelt gesucht hatten, war soeben geboren worden! Eine Ente sollte das Leitmotiv der Werbekampagne sein. Wir erhielten den Zuschlag für den Werbeetat, und die Aflac-Ente wurde zu einer der berühmtesten Werbefiguren Amerikas.

Wie heißen die Zauberworte?

Die Kunst der Konversation besteht im Wesentlichen darin, dem Gesprächspartner das Gefühl der Wertschätzung und Achtung zu vermitteln. In der Kommunikation von Unternehmen mit ihren Mitarbeitern wird darauf allerdings viel zu selten geachtet.

Sullivan & Cromwell, eine gediegene, führende Anwaltskanzlei, litt unter einer ziemlich hohen Mitarbeiterfluktuation – schon zwei Jahre in Folge lag sie bei 30 Prozent. An der Bezahlung konnte es nicht liegen, denn die angestellten Anwälte verdienten gut. Auch Beförderungen standen regelmäßig auf der Tagesordnung, und eine Krankenversicherung war selbstverständlich. Nein, das Problem lag ganz woanders: Die Anwälte fühlten sich nicht geschätzt. Als die Anwaltsfachzeitschrift *American Lawyer* wieder einmal die Ergebnisse ihrer jährlichen Umfrage über die Arbeitsplatzzufriedenheit von Kanzleimitarbeitern der mittleren Managementebene veröffentlichte, rangierte Sullivan & Cromwell auf einem der untersten von insgesamt 163 Plätzen.

Daraufhin wurden im August 2006 ganz offiziell zwei Zauberwörter im Wortschatz der Kanzlei eingeführt, die ab sofort regelmäßig zu verwenden waren: »Bitte« und »Danke«. Die Kanzleichefs gingen auch nicht länger wortlos an ihren Juniorpartnern vorbei, sondern plauderten ein paar Takte mit ihnen, wenn man sich auf dem Flur, im Aufzug oder beim Mittagessen begegnete. Und anstatt wie früher gute Arbeit und die Bereitschaft zu Überstunden als Selbstverständlichkeit vorauszusetzen, lobten die Chefs ihre Mitarbeiter nun für gute Leistungen und fragten höflich, ob es ihnen möglich wäre, etwas länger zu arbeiten.

All das kostete die Kanzlei keinen Cent, nur ein bisschen guten Willen. Und der willentliche Beschluss, jedem Mitarbeiter über alle Hierarchieebenen hinweg mit Dankbarkeit, Höflichkeit und Respekt zu begegnen, zeigte enorm positive Wirkung. Als die nächste Jahresumfrage des *American Lawyer* veröffentlicht wurde, hatte sich Sullivan & Cromwell unter den New Yorker Kanzleien den Spitzenplatz erobert. Und das war wesentlich dem Umstand zu verdanken, dass die Kanzleichefs sich in der Kunst der Konversation geübt hatten. Es stimmt eben doch: Der Ton macht die Musik, und die Wahl der richtigen – oder falschen – Worte taucht das Bild, das sich andere von uns machen, in ein gutes oder eben in ein schlechtes Licht.

Vorsprung durch Neugier

Jeder sucht und genießt die Gesellschaft von Menschen, die ihm das Gefühl vermitteln, etwas ganz Besonderes zu sein. Diese Tatsache machen sich beliebte Talkshowmoderatoren mit Erfolg zunutze – zum Beispiel Jay Leno, der sich explizit darum bemüht, jedem seiner Gäste zu einem gelungenen, brillanten und originellen Auftritt zu verhelfen. Und genau aus diesem Grund kommen die Gäste immer wieder gerne in seine Show.

Wir hingegen stellen uns nur allzu gerne selbst in den Mittelpunkt unserer Alltagsgespräche, was unser Gesprächspartner wiederum als ziemlich langweilig empfinden dürfte, es sei denn, Sie sind zufällig Johnny Depp oder Angelina Jolie. Als Profi weiß Leno, dass seine Gäste es genießen, interviewt zu werden und im Zentrum der Aufmerksamkeit zu stehen. Und das ermöglicht es ihm wiederum, dem Publikum eine unterhaltsame Show zu bieten. Der Trick ist, wie Leno uns verriet, sich den Gästen zuliebe zurückzunehmen und sich, wenn es sein muss, zum Narren zu machen. Wenig beliebt sind die Shows, in denen der Gastgeber seine Gäste in den Schatten stellt und sie zum Narren macht. Dies führt unweigerlich dazu, dass eher früher als später niemand mehr als Gast in so einer Sendung auftreten will.

Todd Kashdan und Paul Rose, Doktoranden in Klinischer Psychologie, fanden im Rahmen einer Studie heraus, dass Neugier Gespräche in Gang bringt und am Laufen hält. Je neugieriger die Gesprächspartner nachhaken, umso mehr kommt bei einer Unterhaltung heraus, ganz gleich, ob es um belanglose oder ernsthafte Themen geht. Mit Fragen und Nachhaken wird dem anderen das Gefühl von Wertschätzung und Interesse vermittelt – was wiederum positiv auf den Fragesteller zurückfällt, der so offensichtlich nicht darauf aus ist, sich selbst in den Mittel-

68

punkt der Aufmerksamkeit zu stellen. Wer würde sich nicht gerne mit so jemandem unterhalten?

Bei der spannenden Frage, ob wir oder die Konkurrenz einen Auftrag an Land ziehen, war es schon mehr als einmal unsere Neugier, die uns das Rennen gewinnen ließ. Wir konnten dem Kunden dadurch das Gefühl vermitteln, uns stärker für ihn, seine Firma und deren Besonderheiten zu interessieren. Die Neugier ist allerdings nicht geheuchelt. Wir interessieren uns ehrlich für die Menschen, mit denen wir arbeiten sollen, und wir wollen ihre Branche kennen und verstehen lernen. Kurios dabei ist nur, dass wir die interessantesten Dinge nicht in Geschäftsbesprechungen, sondern in zwanglosen Unterhaltungen und Alltagsgesprächen erfahren. Was wir damit sagen wollen? Ganz einfach: Unterhaltungen über alltägliche Themen sind kein hohles Geschwätz, sondern Verbindungsglieder, die zwischenmenschliche Beziehungen festigen.

Mit kleinen Schritten weit kommen

Nur nicht so kontaktscheu. Wenn Sie davor zurückschrecken, nachts in der U-Bahnstation mit einem gefährlich aussehenden Zwei-Meter-Muskelpaket im Lederoutfit ein Gespräch übers Wetter anzufangen: Okay, das ist verständlich. Aber mit dem hilfsbereiten Bankangestellten oder der Frau, die mit Ihnen an der Kinokasse ansteht, könnten Sie doch gefahrlos einige nette Worte wechseln, oder? Man weiß ja nie, was sich daraus ergibt. So räumte kürzlich der CEO eines Privatjet-Charterunternehmens in einem Restaurant seinen Sitzplatz am Tresen, damit ein Vater und seine Töchter nebeneinander sitzen konnten. Die beiden Männer plauderten ein paar Takte miteinander, und der Vater erwähnte beiläufig, in seiner Firma würden so viele dienstliche Flugreisen unternommen, dass man sich gerade nach einem geeigneten Charterunternehmen umsah. Das Ende vom Lied: Der CEO gewann einen neuen Großkunden. Und das nur, weil er mit einem ihm vollkommen fremden Menschen einige Worte gewechselt hatte.

Stellen Sie die richtigen Fragen. Wie jeder Reporter weiß, steht und fällt die Qualität einer Berichterstattung mit der Gesprächsbereitschaft der Interviewpartner. Ein Kniff professioneller Reporter besteht darin, offene Fragen zu stellen. So lässt sich die Frage »Sie konnten sich in Sicherheit bringen?« mit einem knappen »Ja« beantworten, gibt aber natürlich wenig her. Fragt er stattdessen: »Wie haben Sie es nur geschafft, aus dem brennenden Haus zu entkommen?«, erhält er nicht nur eine ausführliche und wesentlich interessantere Antwort, sondern es ergeben sich weitere Anknüpfungspunkte, um das Gespräch am Laufen zu halten. Und noch ein Reportertrick: Zurückhaltung ist angesagt. Reißen Sie das Gespräch nicht an sich, um der Geschichte Ihres Gegenübers noch eins drauf zu setzen. Hat Ihr Gesprächspartner den Eindruck, Sie warten eigentlich nur darauf, ihm ins Wort fallen zu können, verliert er schnell die Lust daran, sich mit Ihnen zu unterhalten. Gehen Sie das nächste Mal, wenn Ihnen jemand einen Schwank aus seinem Leben erzählt, zuerst näher darauf ein, bevor Sie mit einer eigenen Geschichte auftrumpfen.

Wie wäre es mit einem verkehrsfreien Tag auf der Datenautobahn? Oder zumindest mit einem verkehrsreduzierten Tag pro Woche, an dem Sie und Ihre Kollegen den E-Mail-Verkehr einschränken? Nehmen Sie sich vor, im Arbeitsalltag wieder häufiger persönlich zu kommunizieren. Bei Kaplan Thaler haben wir damit großartige Erfahrungen gemacht. An unseren E-Mail-freien Tagen wurde viel mehr gequatscht und Quatsch gemacht, wodurch sich die Produktivität und vor allem der Spaßfaktor wesentlich erhöhten.

Am Lenkrad lassen sich auch so manche Gespräche lenken. Das gilt vor allem, wenn es sich um Gespräche mit pubertierenden Jugendlichen handelt. Es mag Sie noch so brennend interessieren, was Ihr Sohnemann auf der Klassenparty erlebt oder angestellt hat: Vermutlich werden Sie erst einmal mit spärlichen Auskünften abgespeist, wenn er nach Hause kommt. Doch wenn Ihr Mann den jungen Mr. Cool am Wochenende irgendwo hinfahren soll, stehen die Chancen gut, dabei so einiges zu erfahren. Beim Autofahren werden aus Kindern nämlich gesprächige kleine Plaudertaschen, und das Auto wird zu einem fahrenden Beichtstuhl für (fast) alle Sünden. Psychologisch lässt sich dieses Phänomen dadurch erklären, dass sich Kinder gerade auf der Rückbank sicher und geborgen fühlen und sich nicht den strengen oder forschenden Blicken der Eltern ausgesetzt fühlen, wenn sie ihnen etwas erzählen.

Kapitel 4
Es darf gerne etwas mehr sein

Wer glaubt, auf Kleinigkeiten käme es nicht an,
sollte sich an das letzte Spiel erinnern, bei dem ihm
nur ein einziger Punkt zum Sieg fehlte.

Unbekannt

Als Robins Ehemann Kenny an der Universität von New
York Gesundheitsmanagement studierte, setzte er noch
vor Beginn seines letzten Semesters alles daran, bei einem
potenziellen Arbeitgeber schon einmal einen Fuß in die
Tür zu kriegen. Er wollte seine Karriere unter optimalen
Bedingungen starten.

Der US-amerikanischen Wirtschaft ging es damals
nicht besonders gut, und speziell für Berufseinsteiger waren die Jobs rar gesät. Eines Tages erfuhr Kenny zufällig
von einer freien Stelle in dem renommierten Lenox Hill
Hospital in New York City. Dort suchte man einen Ver-
waltungsangestellten für die Nachtschicht. Das würde es
ihm ermöglichen, tagsüber die Vorlesungen zu besuchen.
Perfekt! Das Krankenhaus wünschte sich zwar jemanden,
der schon über erste Berufserfahrungen verfügte, doch
Kenny bewarb sich trotzdem. Er bereitete sich zwei Wochen lang intensiv auf das Vorstellungsgespräch vor und
verwandelte sich dabei in ein wandelndes Lexikon für die

Geschichte des Lenox Hill Hospitals. Am Tag seines Vorstellungsgesprächs schneite es jedoch bereits am Morgen so stark, dass im Radio und im Fernsehen vor dem heftigsten Schneesturm seit Jahren gewarnt wurde, bei dem bis zu 60 Zentimeter Neuschnee fallen könnten.

Kenny spielte kurz mit dem Gedanken, den Termin abzusagen, verwarf ihn aber sofort wieder. Der Krankenhausbetrieb lief schließlich rund um die Uhr, ganz gleich, welche Kapriolen das Wetter schlug, und es war davon auszugehen, dass sich auch der Personalchef seinen Weg zur Arbeit bahnen würde. Außerdem war die Zuverlässigkeit eines Bewerbers mit Sicherheit ein entscheidendes Einstellungskriterium für jedes Krankenhaus. Kenny schlüpfte also in seine Winterstiefel, zog die dicke Thermojacke an und machte sich auf den Weg.

Von dem New Yorker Vorort White Plains bis zum Lenox Hill Hospital in der East 76th Street in Manhattan fuhr man normalerweise etwa eine Stunde mit der Bahn, doch auf pünktlich verkehrende Nahverkehrszüge wollte sich Kenny lieber nicht verlassen. Dafür stand für ihn einfach zu viel auf dem Spiel. Um auf Nummer sicher zu gehen, machte er sich drei Stunden vor seinem Termin auf den Weg und ging im Zug noch einmal seine Unterlagen durch.

Unglücklicherweise blieb Kennys Zug auf halber Strecke stehen, denn die Gleise waren aufgrund des heftigen Schneesturms unbefahrbar geworden. Hilflos musste Kenny mit ansehen, wie die Welt jenseits des vereisten Abteilfensters unter einer dicken weißen Schneedecke verschwand. Die Zeit verstrich, und aus den drei Stunden Spielraum, die er zur Sicherheit eingeplant hatte, war schon bald eine Stunde Verspätung geworden.

Heutzutage würde man einfach das Handy zücken und telefonisch oder per SMS Bescheid geben. 1978 gab es aber noch keine Mobiltelefone. Es gab noch nicht einmal ein Münztelefon in dem Zug. Der Gedanke daran, dass seine Chancen auf die Stelle mit jeder Minute, die er in dem Zug festsaß, schwanden, trieb Kenny fast zur Verzweiflung.

Schließlich wandte er sich an den Schaffner, erklärte ihm seine missliche Lage und flehte ihn an, die Zentrale anzufunken und jemanden zu bitten, in Kennys Namen bei dem Krankenhaus anzurufen. Der Schaffner hatte Mitleid mit ihm und kam der Bitte nach, obwohl er damit gegen die Vorschriften verstieß.

Mit einigen Stunden Verspätung erschien Kenny erschöpft, abgehetzt und völlig durchnässt schließlich doch noch zu seinem Termin. Sein Gesprächspartner bedankte sich bei Kenny dafür, dass er ihm die Nachricht über seine Verspätung hatte zukommen lassen, und dann kamen sie zur Sache.

Kennys Ansicht nach war das Vorstellungsgespräch zwar ganz gut verlaufen, allzu große Hoffnungen machte er sich jedoch nicht. Ihm mangelte es an praktischer Berufserfahrung, und es gab jede Menge andere Bewerber. Als der Personalleiter des Krankenhauses nach einiger Zeit bei ihm anrief, rechnete er daher mit einer Absage, aber nicht mit der Frage, ob er noch immer an der Stelle interessiert sei.

»Ja, natürlich«, versicherte ihm Kenny.

Der Personalleiter entschuldigte sich bei Kenny für die Verzögerung und erklärte ihm, dass sich die Krankenhausleitung zuerst für einen besser qualifizierten Bewerber entschieden hatte – um es sich dann aber im letzten Moment noch anders zu überlegen. Obwohl Kenny von allen Bewerbern die geringste Berufserfahrung mitbrachte, hatte seine Entschlossenheit, sich nicht einmal von dem heftigsten Schneesturm seit Jahren von einem Vorstellungstermin abhalten zu lassen, das Management tief beeindruckt. So tief, dass man ihm nun die Stelle anbot. Seine Vorgesetzten in spe waren zu dem Schluss gelangt, seine Wissens- und Erfahrungslücken würden sich im Berufsalltag schon nach und nach schließen. Kennys Einfallsreichtum und seine Bereitschaft, mehr als das Notwendige und Erwartete zu tun, waren jedoch wertvolle und äußerst selten zu findende Qualitäten.

Kenny nahm die Stelle an, die sich als optimales Sprungbrett für seine berufliche Laufbahn entpuppte. Heute ist er in leitender Position für den größten städtischen Krankenhausträger Nordamerikas tätig.

Für Arbeitgeber ist es manchmal geradezu schockierend, mit welcher Selbstverständlichkeit junge Arbeitssuchende davon ausgehen, die Stelle zu bekommen. Vielen jungen Menschen scheint nicht klar zu sein, dass es nicht schaden kann, sich ein bisschen anzustrengen – sich eine

Extraportion Mühe zu geben –, um sich einen Job oder Auftrag zu sichern. Lester Lefton, Professor an der staatlichen Universität Kent, stellt immer wieder fest, dass selbst die besten Betriebswirtschaftsabsolventen oft nicht wissen, worauf es neben hervorragenden Noten bei Vorstellungsgesprächen sonst noch so ankommt. »Man muss sie auf die banalsten Dinge hinweisen: Schuhe putzen, Krawatte tragen und zu einem Termin im Weißen Haus nicht in Flipflops erscheinen.«

Kenny hätte natürlich gleich morgens im Krankhaus anrufen und den Termin verschieben können. Das wäre das Einfachste gewesen, doch da er den Job unbedingt haben wollte, kam die einfache, bequeme Lösung für ihn gerade nicht infrage. Er war wild dazu entschlossen, diese vielleicht einmalige Chance für die perfekte Stelle zu nutzen, und nichts und niemand konnten ihn davon abhalten. Eigentlich war der Schneesturm ein Geschenk des Himmels für Kenny. Er bot ihm die Möglichkeit, Charakterstärke und Willenskraft zu zeigen und zu beweisen, dass man sich in jeder Hinsicht hundertprozentig auf ihn verlassen kann. An diesem Tag erhielt der Personalchef einen kleinen Vorgeschmack auf die Zuverlässigkeit und Arbeitsmoral seines zukünftigen Mitarbeiters.

Es ist diese Extraportion Mühe, die Bereitschaft, ein bisschen mehr zu tun, als erwartet wird, mit der man sich von der breiten Masse abhebt.

Oft sind es gerade die Kleinigkeiten, die erkennen lassen, ob sich jemand Gedanken um andere macht oder sich für ein Projekt einsetzt. Mit kleinen Dingen lassen sich auch Tatkraft und Eigeninitiative hervorragend unter Beweis stellen, was bei ersten Begegnungen besonders wichtig sein kann. Der erfolgreiche Headhunter Paul Gumbiner empfiehlt Bewerbern, bei Vorstellungsgesprächen unbedingt eine einfache, kleine Regel zu beachten, die er als »Starbucksregel« bezeichnet: »Tauchen Sie nie mit einem Becher Kaffee zu einem Vorstellungsgespräch auf, wenn Sie keinen zweiten für Ihren Gesprächspartner mitgebracht haben.«

Mit dem eigenen Kaffee zu einem Vorstellungsgespräch zu erscheinen wirkt nicht nur unseriös, sondern auch unhöflich. Der mitgebrachte Kaffee signalisiert, dass man seinem Gesprächspartner schlechte Manieren und mangelnde Gastfreundlichkeit unterstellt. »Doch wenn Sie Ihren Gesprächspartner mit einem mitgebrachten Latte Macchiato und Kaffeegebäck überraschen, haben Sie ihm damit schon Ihre aufmerksame und entgegenkommende Art im Umgang mit Kunden bewiesen, noch bevor das Bewerbungsgespräch beginnt«, erklärt Gumbiner weiter. Eine kleine Geste wie diese lässt darauf schließen, dass Sie über Einfühlungsvermögen und Eigeninitiative verfügen.

Unsere Kunden wissen es sehr zu schätzen, dass wir keine Anstrengung scheuen, um ihre Wünsche zu erfüllen, und dass wir dabei auch zu Opfern bereit sind. So war es für unsere junge Artdirektorin selbstverständlich, am Freitagabend die kurzfristigen Änderungswünsche eines Kunden grafisch umzusetzen, obwohl sie für den Abend eigentlich andere Pläne hatte. Auch eine unserer erfahrenen Marketingmanagerinnen erklärte sich sofort bereit, vor Ort bei einem unserer Kunden im Mittleren Westen einzuspringen, als dort Not am Mann war. Um unseren Mitarbeitern zu zeigen, wie sehr wir ihr Engagement zu schätzen wissen, lassen auch wir uns natürlich immer wieder etwas Besonderes einfallen. An Halloween dürfen zum Beispiel alle früher nach Hause gehen, damit sie ihre kleinen Monster für das beliebte »Süßes oder Saures!«-Spiel verkleiden können. Um allen nach dem Wochenende den Einstieg in die neue Arbeitwoche zu erleichtern, gibt es jeden Montag ein gemeinsames Frühstück in unserer Agentur, und jeden Monat findet eine große Eiscremeparty für alle Geburtstagskinder des Monats statt. Diese kleinen Extras kosten wenig, bringen aber viel, denn unsere Leute danken sie uns mit enormer Einsatzbereitschaft und Loyalität. Natürlich wissen sie, dass es uns dabei auch um ihre gute Leistung im Job geht – aber dennoch zeigen ihnen diese kleinen Aufmerksamkeiten, dass wir sie als Privatpersonen, Ehefrauen und Mütter wahrnehmen und achten. Und nur so lässt sich auf Dauer sicherstellen, dass das ganze Team zusammenhält und auch zwei Wochenenden hintereinander opfert, um eine Werbekampagne termingerecht präsentieren zu können. Unser gutes Betriebsklima macht sich zudem in barer Münze bezahlt, denn unsere Fluktuationsrate liegt weit unterhalb des Branchendurchschnitts. Wenn man bedenkt, dass die Einarbeitung eines unerfahrenen neuen Mitarbeiters rund ein Drittel seines Jahresgehalts kostet, lohnen sich loyale Mitarbeiter enorm.

Natürlich haben auch wir schon schwierigere Zeiten erlebt. Wir hatten bei der Gründung unserer Agentur ja nur den Werbeauftrag für das Haarpflegeprodukt Clairol Herbal Essences Shampoo. Für das zugehörige Körperpflegeprodukt Herbal Essences Body Wash war eine andere Werbeagentur zuständig, die jedoch einige Probleme mit der Kampagne hatte, wie uns aus der Gerüchteküche zu Ohren kam. Clairol befürchtete, dass der Fernsehwerbespot, mit dem das Produkt eingeführt werden sollte, nicht rechtzeitig zum ersten Sendetermin fertig werden würde. Wir hatten damals mehr als genug damit zu tun, unsere eigene Kampagne zu meistern und gleichzeitig die vielen Hürden zu nehmen, die es für unsere gerade einmal zwei Monate junge Agentur gab. Dennoch boten wir dem Clairol-Chef Steve Sadove an, uns den Spot einmal anzusehen und gegebenenfalls zu überarbeiten – unentgeltlich. Er nahm das Angebot an. Es kostete uns ein ganzes Wochenende, den Werbespot umzugestalten, doch es lohnte sich. Clairol war begeistert. Ausgerechnet mit diesem Werbespot, für den wir eigentlich gar nicht zuständig waren, gab die Kaplan Thaler Group ihr Fernsehdebüt ab. Es dauerte aber nur wenige Monate, bis wir das Marketing für dieses Produkt auch offiziell übertragen bekamen.

Seitdem sind 13 Jahre vergangen. Die Bereitschaft zu Extraleistungen ist heutzutage mehr als nur ein netter Zug – sie ist die Voraussetzung dafür, um überhaupt im Wettbewerb bestehen zu können. Im Internet haben Kunden schließlich nahezu unerschöpfliche Auswahlmöglichkeiten und können sich innerhalb von Sekunden sämtliche Wünsche erfüllen. Das Hotel verfügt nicht über einen draht- und kostenlosen Internetzugang für die Gäste? Mit nur einem Mausklick ist der Interessent heute schon bei der Konkurrenz. In der Flugbranche ist der Wettbewerb besonders hart. Die Fluggesellschaft Continental Airlines hat die Zeichen der Zeit sehr früh richtig gedeutet. Auch wenn sich Verspätungen und gelegentliche Turbulenzen während des Flugs beim besten Willen nicht vermeiden lassen, setzt Continental alles daran, unvermeidliche Unannehmlichkeiten durch Leistungen zu kompensieren, die bei den meisten anderen Fluglinien dem Rotstift zum Opfer fielen: Zum Standardservice an Bord gehören ein Kissen, eine Decke und eine Mahlzeit zu den üblichen Essenszeiten. Mit diesen Annehmlichkeiten bedankt sich die Fluglinie bei den Passagieren dafür, dass sie sich für Continental entschieden haben.

Und die Folge? Continental hat in Sachen Kundenzufriedenheit die Nase vorn. Im Jahr 2007 wurde Continental von J. D. Power and Associates zur kundenfreundlichsten Fluglinie gekürt, und die Umfrage des Magazins *Fortune* nach der beliebtesten internationalen Fluggesellschaft beförderte Continental auf den ersten Platz.

Ein kleines Dankeschön kann Türen öffnen

Nachdem unser Buch *The Power of Nice* erschienen war, plauderte Comedystar Rosie O'Donnell darüber im Fernsehen und erzählte in diesem Zusammenhang folgende Geschichte:

In den 1980er Jahren bot sich Rosie, die damals als Stand-up-Comedian auftrat, die fantastische Chance, sich als Videojockey bei MTV zu bewerben und Musikvideoclips anzusagen. Die junge Künstlerin wünschte sich nichts sehnlicher, als den Kleinkunstbühnen der Clubs den Rücken zu kehren und vor einem landesweiten Publikum aufzutreten. Sie beschloss also, sich dem strengen Auswahlverfahren zu unterziehen. Sie bestand den ersten Aufnahmetest und wurde zu weiteren Probeaufnahmen nach New York eingeladen, wo sie sich mit einem der Studiobosse von MTV traf.

»Ich habe den Job zwar doch nicht bekommen, aber ich habe ihm geschrieben und mich dafür bedankt, dass er sich Zeit für mich genommen hat«, erzählte sie.

In einer Branche, in der sich so viele egozentrische Stars und Sternchen tummeln, ist Dankbarkeit eine seltene Geste, über die sich der Studioboss umso mehr freute. Daher leitete er Rosies Probevideoclip an den Sender VH1 weiter, wo man von ihrem Auftritt begeistert war. So begann ihr kometenhafter Aufstieg im Fernsehen.

Wenn Rosie nicht so unglaublich talentiert wäre, hätte sie den Job natürlich nicht bekommen. Doch nur ihr Dankesschreiben, über das sich der MTV-Studioboss so sehr freute, dass er ihr Band nicht in einer Schublade verschwinden ließ, sondern an VH1 weiterleitete, machte es möglich, dass ihr Talent auch entdeckt wurde.

Von einem simplen Dankeschön kann es abhängen, ob zwischenmenschliche Kontakte als angenehm oder als unangenehm empfunden werden. Catherine Roster von der Universität New Mexico befragte 186 Personen, die ihren Freunden, Bekannten oder Arbeitskollegen schon einmal etwas Unpassendes geschenkt hatten, ob und inwiefern diese Situation die Beziehung belastete. Von allen Reaktionen, mit denen die Beschenkten mehr oder weniger taktvoll erkennen ließen, dass das neue Waffeleisen oder die bunt gemusterte Krawatte auf wenig Begeisterung treffen, verletzte es die Schenkenden am meisten, wenn sich der Empfänger des Geschenks nicht einmal bedankte. Auf die Frage, was der Beschenkte denn zur Rettung der Situation hätte beitragen können, lautete die einhellige Antwort: Ein schlichtes Danke hätte gereicht – selbst wenn es nicht von Herzen gekommen wäre.

Es sind weniger die großen Taten als vielmehr die unzähligen kleinen Gesten und Aufmerksamkeiten, die im täglichen Miteinander von gegenseitigem Respekt und Wertschätzung zeugen. Jede Extraportion Mühe macht sich unserer Erfahrung nach doppelt und dreifach bezahlt, denn Kleinigkeiten entwickeln eine ganz eigene Dynamik. Um diese Dynamik in Gang zu setzen, reicht es oft schon aus, jemanden mit einer Dankeskarte zu überraschen –

oder damit, dass man sich den Namen seines Sprösslings gemerkt hat, wenn man sich nach seiner Familie erkundigt. In unserer Ellenbogengesellschaft geht man oft davon aus, dass menschliches Miteinander und wettbewerbsfähiges Gegeneinander unvereinbare Gegensätze darstellen und sich gegenseitig ausschließen. Irrtum! Das Gegenteil ist der Fall.

Die Restaurants, die Danny Meyer in New York betreibt, haben schon viele Preise und Auszeichnungen eingeheimst. Dennoch macht sich der berühmte Gastronom höchstpersönlich die Mühe, täglich mindestens zwei Gästen zu schreiben. Ganz gleich, ob er einem Gast zum Geburtstag oder zu einer Beförderung gratuliert: Seine Glückwünsche und freundlichen Worte sind immer ehrlich und aufrichtig gemeint. »Heutzutage gehen Freundlichkeit und kleine Gesten der Aufmerksamkeit mehr und mehr in der Flut der Eindrücke unter, die von allen Seiten auf uns einprasseln. Dem muss man doch entgegenwirken«, erklärt er.

Meyers Gästen ist oft nicht einmal bewusst, wie aufmerksam sich ihr taktvoller Gastgeber um sie kümmert. Als ihm zum Beispiel einmal auffiel, dass im Union Square Café gleichzeitig drei verschiedene Reservierungen für Gäste aus demselben politischen Lager eingegangen waren, ließ Meyer ihnen benachbarte Tische zuweisen. Der ehemalige Senator Bob Kerrey – einst hoffnungsvoller Präsidentschaftskandidat der Demokraten – hielt es sicherlich für einen erfreulichen Zufall, beim Mittagessen neben einigen Spendensammlern für die damaligen Senatoren Barack Obama und Hillary Clinton und dem ehemaligen Herausgeber des linken Magazins *Nation* zu sitzen, doch mit Zufall hatte das rein gar nichts zu tun.

»Zufall war nur, dass sie alle am selben Tag und zur selben Zeit bei mir reserviert hatten«, erklärt Meyer. »Indem ich auf Kleinigkeiten wie diese achte, kann ich ja vielleicht dazu beitragen, dass meine Gäste irgendetwas Schönes erleben, ganz gleich, ob sie nun aus der Literaturbranche, der Gastronomie, der Werbung oder der Politik kommen. Vielleicht kann ich meinen Teil dazu beitragen, dass neue Bekanntschaften geschlossen oder alte Freundschaften wieder aufgefrischt werden. Aus solchen scheinbar zufälligen Begegnungen kann sich doch alles Mögliche entwickeln. Und meine Gäste schreiben das dem glücklichen Umstand zu, dass sie zufällig im Union Square Café oder einem anderen meiner Restaurants gegessen haben – was sich wiederum höchst förderlich auf mein Geschäft auswirkt.«

Achten Sie auch dann auf Kleinigkeiten, wenn es nicht von Ihnen »verlangt« wird. Damit schärfen Sie Ihren Blick für genau die Details, die über Ihren Ruf als Mitarbeiter oder Geschäftspartner entscheiden. Verlassen Sie sich darauf, dass Ihr Kollege sich um diese oder jene Kleinigkeit gekümmert hat, oder haken Sie zur Sicherheit lieber doch noch einmal nach? Haben Sie dem Kurierdienst wirklich unmissverständlich klar gemacht, dass das Paket nur gegen eine Empfangsbestätigung zugestellt werden darf?

Steht in der Werbeanzeige auch wirklich die richtige E-Mail-Adresse? Haben Sie sich bei den Produktionsmitarbeitern oder den Marketingleuten schon für die großartige Unterstützung beim letzten Projekt bedankt? Zur Sicherheit alles ein zweites Mal zu kontrollieren oder zu überdenken ist eine lohnenswerte Angewohnheit. Der ehemalige US-amerikanische Außenminister General Colin Powell machte es sich schon früh in seiner militärischen und politischen Laufbahn zur Regel, Kleinigkeiten besondere Aufmerksamkeit zu widmen.

Erst schauen, dann springen

Powell, damals Offizier der US-amerikanischen Streitkräfte, nahm an einer Pathfinder-Ausbildung teil. Pathfinder ist die Bezeichnung für eine militärische Eliteeinheit aus speziell ausgebildeten Fallschirmjägern, die im Vorfeld eines Luftangriffs sichere Landezonen für die nachrückenden Einheiten abstecken und markieren. Wie Powell in seiner Biografie schreibt, stand der Pathfinder-Truppe am letzten Tag der Ausbildung noch ein schwieriger Nachtsprung aus dem Helikopter bevor, nachdem sie schon einen Tagesmarsch durch unwegsames Gelände hinter sich gebracht hatte. Die Männer machten sich also für den Absprung bereit, und Powell als ranghöchster Offizier brüllte ihnen über das Dröhnen der Rotoren hinweg zu, sie müssten die Leinen für die automatische Auslösung der Fallschirme überprüfen. Diese mehrere Meter langen Leinen mussten in einer speziellen Vorrichtung im Innern des Helikopters eingehakt sein. Lautstark brüllend wiederholte Powell seine Anweisung lieber noch ein zweites Mal, doch auch das war ihm nicht genug. »Pingelig wie ein alte Dame« machte er sich daran, jede einzelne Leine persönlich zu überprüfen, und entdeckte, dass die eines Unteroffiziers nicht ordentlich eingehakt war. Der Mann wäre in den sicheren Tod gesprungen, hätte Powell nicht den Fehler entdeckt, den vor ihm schon drei andere übersehen hatten: der Unteroffizier selbst, dessen Sprungpartner und der verantwortliche Absetzer. »Man kann es sich nicht leisten, Details zu übersehen, auch wenn man mit seiner Pingeligkeit anderen vielleicht auf die Nerven geht«, schreibt Powell. »Genau in den Situationen, in denen man sich gestresst, abgelenkt oder erschöpft fühlt, ist die Fehlerwahrscheinlichkeit am größten.«

Das gewisse »bisschen Mehr« an Aufmerksamkeit

Der *gute Vorsatz*, sich ein wenig mehr Mühe als notwendig zu geben, ist ja bei vielen durchaus vorhanden. Da hetzt man sich schon ab, um neun Aufgaben am besten gleichzeitig zu erledigen, weil man doch sowieso schon wieder mit allem viel zu spät dran ist, doch diese mahnende kleine Stimme im Hinterkopf fordert nach der Extraportion Aufmerksamkeit für dieses oder jenes. Wir hören sie schon, diese Stimme, aber folgen wir ihr auch? Eher nicht. Und dann vergessen wir, welche Kleinigkeit noch zu beachten gewesen wäre. Die mentale Haftnotiz geht in der Flut immer neuer und dringlicherer Forderungen sang- und klanglos unter. Wir geben uns mit mittelmäßigen Leistungen zufrieden, weil schon die nächste und übernächste Aufgabe darauf wartet, erledigt zu werden. Fast jeder Mensch steht heute unter enormem Zeitdruck, um sein tägliches Pensum bewältigen zu können. Wie oft zeugt bei Telefonaten ein verräterisches Klicken davon, dass der Gesprächspartner fleißig weitertippt, während man sich mit ihm unterhält? Wie oft tippen Sie beim Telefonieren weiter an Ihrem Text? Ob nun legitimes Multitasking oder kurze Flucht in die Weiten des Cyberspace: In der Hektik des Berufsalltags scheint uns oft nichts anderes übrig zu bleiben, als mit geteilter Aufmerksamkeit zu Werke zu gehen.

Der Autor David Goleman bezeichnet dieses Phänomen als »Ich-Es-Beziehung«, ein Begriff, der von dem Philosophen Martin Buber geprägt wurde. Nur wer einer anderen Person und deren Bedürfnissen ungeteilte Aufmerksamkeit schenkt, kann sich auch in sie hineinversetzen und eine emotionale Verbindung aufbauen. Ist man gedanklich und emotional aber nur halb bei der Sache, schaltet man meist ganz unbewusst auf »Autopilotfunktion« um und schenkt der anderen Person gerade so viel Aufmerksamkeit, dass die Unterhaltung nicht ins Stocken gerät, erklärt Goleman.

Kein Wunder, dass es in unseren beruflichen und privaten Begegnungen immer häufiger zu »Ich-Es-Interaktionen« kommt, denn unsere Gesellschaft leidet unter einem kollektiven Aufmerksamkeitsdefizitsyndrom (ADS). Wohin man auch blickt, überall lauern Bildschirme, Blackberrys, Mobiltelefone, Fernseher, iPods oder geschäftige Menschen, und alle verlangen: »Schau mich an! Beachte mich!« So wird auch der beste Vorsatz – zum Beispiel »Ich bringe nun das, was ich gerade zu tun habe, wenn schon nicht besonders gut, dann doch wenigstens ordentlich zu Ende – immer wieder über Bord geworfen. Vielleicht wird unsere Generation als erste feststellen müssen, dass der Zugang zu immer mehr Informationen die geistige und körperliche Leistungsfähigkeit beeinträchtigen kann. Diese unerwünschte Nebenwirkung unseres Informationszeitalters bezeichnet der US-amerikanische Psychiater Edward Hallowell als Aufmerksamkeitsdefiziteigenschaft (ADE). Im Gegensatz zu der genetisch bedingten Störung ADS ist ADE eine gestörte Reaktion auf die moderne Arbeitswelt. Hallowell zufolge sind Menschen, die unter der ADE-Störung leiden, abgelenkt, reizbar und ruhelos und büßen langfristig gesehen an Leistungsfähigkeit ein. Das heißt im Klartext: Wir machen uns selbst handlungsunfähig. Wir sind also nur dann fähig, der Arbeit, einem wichtigen Projekt, der Familie und den Freunden ein bisschen mehr Aufmerksamkeit zu widmen, wenn wir die Notbremse ziehen und weniger auf einmal erledigen.

Um uns in unserer Agentur vor dem ADE-Desaster zu

schützen, halten wir uns strikt an die Regel »Zweimal lesen, einmal senden«. So trivial und doch eigentlich selbstverständlich dies auch klingen mag – in dieser Regel spiegelt sich die Geisteshaltung und Arbeitseinstellung wider, die wir bei der Kaplan Thaler Group fördern: immer mit der Ruhe. Öfter einmal innehalten und sich ein paar Sekunden Zeit nehmen, um die Richtigkeit von Angaben und Kontaktdaten oder den Eingang einer Rechnung beim Empfänger sicherzustellen. Immerhin geht in den Weiten des Cyberspace tatsächlich ein kleiner Prozentsatz der digitalen Korrespondenz auf Nimmerwiedersehen verloren. Haben Sie schon einmal verzweifelt ausprobiert, ob sich eine voreilig abgesendete E-Mail mit mehr oder weniger peinlichen Fehlern noch aufhalten und korrigieren lässt, bevor sie im Postfach des Empfängers landet? Dann wissen Sie ja, dass sich die 20 Sekunden, die es dauert, um eine Mail auf Fehler zu überprüfen, doppelt und dreifach bezahlt machen können. Weil sie sich genau diese Zeit nahm, konnte Robin kürzlich vermeiden, dass sich ein winziger Fehler zu einer Katastrophe auswuchs:

Wie jedem Besitzer eines Blackberry Pearl bekannt ist, sind alle Tasten dieses Modells mit zwei Buchstaben belegt, und die Software Smart Type versucht bei Eingaben im Voraus zu erkennen, welcher der beiden Buchstaben Sinn ergibt, und trägt ihn automatisch in den Text ein. So befinden sich beispielsweise die Buchstaben »I« und »U« auf derselben Taste. Vor etwa einem Jahr schrieb ich eine längere Nachricht an Aflac, in der ich alle Werbespots mit der Ente, der Aflac-DUCK auflistete. Mein Blackberry allerdings hatte Anzüglicheres im Sinn ... Wenn ich mir nicht die Zeit genommen hätte, meine Nachricht noch einmal sorgfältig durchzulesen, wäre daraus ein nicht jugendfreies Aflac-DICK geworden, und ich wäre einem unserer wichtigsten Kunden gegenüber schwer in Erklärungsnot geraten.

Das große Potenzial günstiger Gelegenheiten

Gelegenheiten, um sich durch ein Mehr an Aufmerksamkeit und Entgegenkommen von der breiten Masse abzuheben, bieten sich manchmal vollkommen überraschend. Das konnte auch Michelle Alba-Lim feststellen. Michelle leitet ein kleines und noch relativ junges Schulungs- und Beratungsunternehmen, WLF Interactive Development Centre, und ihre Geschäftsnummer ist der Telefonnummer des Kinos gleich nebenan sehr ähnlich. Daher rufen bei ihr regelmäßig Leute an, um sich nach den Anfangszeiten von Spielfilmen zu erkundigen oder Karten zu reservieren.

Eines Abends saß sie noch in ihrem Büro und arbeitete, als das Telefon läutete.

»Eine Dame wollte von mir wissen, wann die letzte Vorstellung von *Die Schöne und das Biest* beginnt«, erzählt Michelle. »Zufällig wusste ich es, da ich mit meinen

Kindern in dieselbe Vorstellung gehen wollte. Anstatt ihr zu sagen, dass sie sich verwählt hatte, gab ich ihr die gewünschte Auskunft und empfahl ihr noch, mindestens eine halbe Stunde für die Fahrt und die Parkplatzsuche einzuplanen, da sich der Verkehr um diese Uhrzeit oft staute.«

Anschließend gab Michelle der Frau noch die richtige Telefonnummer des Kinos und bat sie, sich diese zu notieren. Michelle konnte geradezu spüren, wie ihre Gesprächspartnerin am anderen Ende der Leitung nach Worten rang.

»Ich habe mich verwählt? Warum geben Sie mir denn all diese Informationen, wenn Sie gar nicht beim Greenhill Kino arbeiten? Bei wem bin ich denn jetzt gelandet?«

Michelle erklärte der verblüfften Anruferin, dass sie mit dem WLF Interactive Development Centre verbunden war und dass aufgrund der ähnlichen Telefonnummern oft Leute bei ihr anriefen, die ins Kino wollten. Es wurden noch einige Höflichkeitsfloskeln ausgetauscht, dann war das Gespräch beendet.

Michelle ging nicht davon aus, jemals wieder von der Anruferin zu hören.

Umso mehr überraschte es sie, die junge Frau einige Tage später wieder in der Leitung zu haben. Diesmal rief sie im Auftrag ihres Vorgesetzten an, um Michelle mit einer Personalschulung für effiziente Gesprächsführung am Telefon zu beauftragen. »Der Aufwand, ihr die gewünschte Auskunft zu geben, war ja eigentlich nicht der Rede wert, hat aber einen so positiven Eindruck bei ihr hinterlassen, dass ihr Chef mich nicht einmal persönlich kennen lernen wollte, bevor er das Seminar bei mir buchte«, erzählt Michelle.

Spontane Akte der Freundlichkeit können sich auf ganz erstaunliche Weise bezahlt machen. Es lohnt sich daher, die Fühler rund um die Uhr ausgestreckt zu halten, um die kleinen, aber feinen Gelegenheiten wahrzunehmen, die sich im Alltag jederzeit bieten können. Die Psychologin Mosha Belkin ist davon überzeugt, dass sich das emotionale und soziale Gespür ähnlich wie Bizeps und Trizeps trainieren lässt. Vielleicht kommen Sie sich in den ersten Trainingseinheiten noch etwas unbeholfen vor. Es mag ungewohnt für Sie sein, aufmerksamer auf andere einzugehen, ihre Verhaltensweisen zu beobachten und Gesprächen genauer zuzuhören. Doch mit etwas Übung zeichnen sich die Gelegenheiten, sich selbst und die an Sie gestellten Erwartungen mühelos zu übertreffen, immer genauer ab. Und eins ist sicher: Das bisschen Mehr, das Sie leisten und geben, bleibt nicht unbemerkt. Freundlichkeit ist keine Einbahnstraße. Nicht nur der Empfänger Ihrer Aufmerksamkeiten wird sich besser fühlen und sich gerne an Sie erinnern – auch Sie selbst werden ihr neues Verhalten als beglückend empfinden, und es wird alle Ihre Beziehungen festigen und bereichern.

Sich immer ein klein wenig mehr als unbedingt notwendig zu engagieren ist nicht nur eines der großen Geheimnisse beruflicher Erfolge, sondern auch die Basis für innige

Freundschaften und solide Beziehungen. Im Einzelhandel, in der Immobilienbranche, in der Forschung und in jeder anderen Branche, in der der tägliche Umgang mit Kunden auf der Tagesordnung steht, kann sich die kleine Extraportion an Mühe als genau der Katalysator erweisen, der einen Verbesserungsprozess ins Rollen bringt.

Mit kleinen Schritten weit kommen

Greifen Sie mal wieder zu Stift und Papier. Wann haben Sie das letzte Mal einen Brief erhalten, der nicht am Computer getippt wurde? Vor noch nicht allzu langer Zeit zählten handgeschriebene Briefe von Freunden zu den Lichtblicken unseres Alltags. Mittlerweile hat die neumodische E-Mail den altmodischen Brief völlig verdrängt. Unter all der Massenwerbung im Briefkasten fällt es ja schon positiv auf, wenn man in einem Werbeanschreiben wenigstens noch persönlich angesprochen wird. Drängt sich da nicht gerade eine günstige Gelegenheit für Sie auf? Genau: Schreiben Sie einen Brief. Der Empfänger wird Augen machen, dass sich unter all den unerfreulichen Rechnungen und unerwünschten Werbeanschreiben etwas so Außergewöhnliches und Persönliches befindet. Nehmen Sie sich die Zeit, und greifen Sie zu Stift und Papier, denn ein handschriftlich verfasstes Anschreiben wird nicht aus dem Gedächtnis des Empfängers gelöscht, sondern prägt sich darin ein.

Melden Sie sich freiwillig. Erweisen Sie Ihren Mitmenschen regelmäßig kleine Freundschaftsdienste. Führen Sie den Hund aus, obwohl es regnet und eigentlich Ihr Partner für das abendliche Gassigehen zuständig ist. Helfen Sie Ihrer Kollegin, das Eilpaket für den Kurierdienst zu schnüren und zu beschriften. Kleine Gefälligkeiten wie diese kosten weder viel Zeit noch große Mühe, bleiben aber dauerhaft in guter Erinnerung.

Nehmen Sie sich ein bisschen mehr Zeit. Wann immer man etwas besonders Lästiges, Schwieriges oder Langwieriges erledigt hat, will man es normalerweise nur noch vom Tisch bekommen. Stopp! Nichts übereilen! Auf die Minute, die es dauert, um diesen einen komplizierten Absatz noch einmal durchzulesen oder die Rechnungsbeträge noch einmal zu überprüfen, kommt es nun wirklich nicht an. Und vielleicht bewahrt Sie diese eine Minute mehr irgendwann einmal vor einem bösen Fehler.

Kapitel 5
Babyschritte

Auch die großartigsten Taten der Menschheitsgeschichte
wurden Schritt für Schritt vollbracht.

William Jennings Bryan

Vor rund 160 Jahren waren die Niagarafälle nicht nur ein
spektakuläres Naturwunder, sondern auch ein unüber-
windliches Hindernis. Sowohl die USA als auch Kanada
hätten nur allzu gern Kapital aus den beeindruckenden
Wasserfällen an der gemeinsamen Grenze geschlagen.
Doch ohne eine Brücke, die beide Staaten miteinander
verband, wollten Fremdenverkehr und Handelsbeziehun-
gen nicht so recht in Schwung kommen. Aufgrund ihrer
immensen Breite und gefährlichen Strudel war es viel zu
gefährlich, per Schiff auch nur in die Nähe der Niagarafälle zu steuern. Die einzige Möglichkeit, von einer Seite
auf die andere zu kommen, war eine kleine Fähre, die fern-
ab der Wasserfälle weiter stromaufwärts verkehrte. Nur
mit einer Brücke über die atemberaubende Schlucht ließen
sich die Niagarafälle als Touristenattraktion vermarkten,
was beiden Staaten eine höchst lukrative Einnahmequelle
eröffnen würde. Fast alle namhaften Ingenieure und führenden Brückenbauer aus Europa und Nordamerika ver-
warfen den Bau einer solchen Brücke damals als technisch

nicht machbar. Zu den Ausnahmen zählte Charles Ellet Jr., ein forscher junger Mann aus Philadelphia, der sich für Hängebrücken begeisterte.

Der Bau einer Hängebrücke ist eine komplizierte Angelegenheit. Das fertige Bauwerk muss Tausende von Tonnen tragen können, doch erstaunlicherweise besteht das erste tragende Element der gewaltigen Konstruktion im Allgemeinen aus nur einem einzigen Kabel. Dieses wird über einen Fluss oder ein anderes Gewässer gespannt und anschließend durch immer weitere Kabel verstärkt, bis die erforderliche Tragfähigkeit sicher gewährleistet ist. Die bei den Niagarafällen zu überwindende Spannweite von rund 250 Metern und die zerklüfteten, fast 70 Meter hohen Klippen stellten Ellets Team vor scheinbar unlösbare Probleme. Das erste Kabel auf einer Seite zu verankern und per Schiff auf die andere Seite zu befördern, war wegen der tückischen Stromschnellen schlicht unmöglich. Eines Abends tüftelte Ellets Team beim gemeinsamen Essen wieder einmal an ausgefeilten Strategien, um diese gewaltige Hürde zu überwinden. Ellet spielte mit dem Gedanken, eine Rakete einzusetzen, während ein anderer Ingenieur vorschlug, das Kabel an einer Kanonenkugel zu befestigen und an das gegenüberliegende Ufer zu schießen. Doch da man ja schließlich eine Brücke nach Kanada schlagen wollte, verwarf das Team sämtliche Ideen, das Nachbarland mit Raketen und Kanonenkugeln zu beschießen, schnell wieder als unbrauchbar.

Problemlösungen sind ein Kinderspiel

Letzen Endes war es keiner der erfahrenen Fachleute, sondern ein Mann aus der Gegend, der mit einem genialen Geistesblitz aufwartete. Die schlichte Logik seines Vorschlags ließ die Lösung lächerlich einfach erscheinen – oder einfach lächerlich? Was die Herren Ingenieure denn von einem Drachenflugwettbewerb hielten? Es müsste doch nur ein Drachen auf der anderen Seite landen, dann könnte man die Drachenschnur dort befestigen, und schon hätte man die Verbindungsleine, über die sich zunehmend dickere Seile und Kabel hinüberziehen ließen. Zuletzt könnte man dann mithilfe einer Winde das Stahlkabel spannen, das als Grundlage für den Bau der Hängebrücke diente. Und der Gewinner des Wettbewerbs erhielte als Belohnung ein Preisgeld von zehn US-Dollar – damals ein hübsches Sümmchen. Man beschloss, den Wettbewerb zu veranstalten und so lange fortzuführen, bis ein Drachen auf der gegenüberliegenden Seite landete. In den folgenden Monaten versuchte so mancher sein Glück, und die Versuche wurden noch nicht einmal während des strengen Winters eingestellt. Gewonnen hat den Wettbewerb schließlich ein zehnjähriger amerikanischer Junge namens Homan Walsh, der seinen Drachen »The Union« getauft hatte. Am 31. Januar 1848 verkündete der *Buffalo Daily Courier*: »Am heutigen Tag wurden die Vereinigten Staaten und Kanada über ein dünnes Seil von einem halben Zoll Durchmesser miteinander verbunden.« Und schon sechs

Monate später – am 1. August 1848 – wurde die Brücke feierlich eingeweiht und zur Überquerung freigegeben.

Eine schier unüberwindliche Schwierigkeit war mit Bravour gemeistert worden. Die Lösung des gewaltigen Problems bestand darin, es in seine Einzelteile zu zerlegen und als eine Aneinanderreihung kleinerer, überschaubarerer Problemstellungen zu betrachten. Diese Herangehensweise zeigte einem Laien die Lösung auf, über die sich die erfahrenen Baumeister erfolglos die Köpfe zerbrochen hatten. Während die Ingenieure nur das Endziel – die Brücke zu bauen – vor Augen hatten und angesichts der zahllosen Hürden keinen Schritt weiter kamen, konzentrierte sich der Mann aus der Gegend einfach nur auf den ersten und einfachsten Teil des Großprojekts: ein Seil von einer Seite zur anderen zu spannen.

Den Berechnungen eines Nobelpreisträgers zufolge hat der Mensch täglich rund 20 000 Wachmomente, die mehrere Sekunden andauern. Der Trick ist, sich in jedem dieser Momente wachsam, konzentriert und aufmerksam genau den Dingen zu widmen, die gerade anstehen, anstatt sich über Mammutprojekte oder zukünftig zu erwartende Schwierigkeiten den Kopf zu zerbrechen. Darum kann man sich immer noch kümmern, wenn es so weit ist, oder?

Häppchen statt Brocken

Das Lösen von Problemen wird in der Regel als komplizierter und komplexer Prozess betrachtet, und wahrscheinlich gibt es mehr Theorien über Problemlösungsprozesse als Probleme auf der Welt. Nichtsdestotrotz ist die einfachste Lösung eines Problems oft auch die beste. 1945 veröffentlichte der ungarische Mathematiker George Pólya in Zusammenarbeit mit der Princeton-Universität ein kleines Buch mit dem Titel *Schule des Denkens – Vom Lösen mathematischer Probleme.* Seine Problemlösungsansätze erweisen sich auch für Menschen, die der Mathematik wenig abgewinnen können, als hilfreich. Nicht verzweifeln, wenn Sie vor einem unlösbar erscheinenden Problem stehen, rät Pólya. Wenden Sie sich einem anderen Problem zu, das sich einfacher lösen lässt. In anderen Worten: Anstatt sich an einem zu komplexen Problem die Zähne auszubeißen, widmen Sie sich zuerst der Lösung einer zugehörigen, leichter zu bewältigenden Problemstellung. Pólyas simpler Rat hat auch heute nichts von seiner Gültigkeit verloren – sein Buch wurde in zig Sprachen übersetzt, hat sich millionenfach verkauft und wird noch immer aufgelegt.

Schwierigen Aufgaben und umfangreichen Großprojekten blicken wir oft mit Sorge und in Erwartung komplexer Probleme entgegen, für die wir – so glauben wir zumindest – ebenso komplexe Lösungen finden müssen. Und während wir uns darum bemühen, uns für sämtliche

101

Eventualitäten zu wappnen, schleichen sich möglicherweise Selbstzweifel und Versagensängste ein und lähmen unsere Tatkraft und Entscheidungsfähigkeit. Ist es erst einmal so weit gekommen, werden Entscheidungen gerne auf die lange Bank geschoben, und alle Räder stehen still. Aus dem Teufelskreis der Untätigkeit scheint es kein Entkommen zu geben.

Doch es gibt einen Ausweg: Kehren Sie zum Startpunkt zurück. Setzen Sie alles auf Null, und zerlegen Sie den großen Brocken – das Projekt oder Problem – in kleine, leicht verdauliche Häppchen.

Genau auf diese Weise packen wir bei KTG die großen Herausforderungen unserer Branche an. Indem wir jeden »Problemberg« in viele kleine Maulwurfshügel zerlegen, können wir ein Problem nach dem anderen lösen. Eine neue Werbekampagne inklusive aller Aktionen für ein ganzes Jahr zu entwickeln ist eine Aufgabe, die auch uns schwer im Magen liegt. Daher konzentrieren wir uns zu Beginn eines solchen Großprojekts meist einfach nur auf eines: den besten Slogan, die originellste Idee, das aussagekräftigste Logo für eine einzige Anzeige zu finden. Wir lassen unserer Kreativität freien Lauf, was uns dazu anspornt, uns gegenseitig mit brillanten Einfällen für die Kampagne zu übertrumpfen. Unser Team ist eine Quelle der Kraft und Inspiration, aus der wir alle schöpfen. Auf diese Weise entwickelten wir zum Beispiel im Jahr 2007 die Kampagne »No Worries« für die australische Outback-Steakhauskette. Obwohl der größte und schwierigste Projektteil in der Produktion einer ganzen Serie relativ aufwändiger Fernsehwerbespots bestand, sammelten wir zu Beginn erst einmal lauter alberne Sprüche für die unwichtigsten Elemente der gesamten Kampagne: die Glasuntersetzer. Der erste Vorschlag, den sich das Kreativteam ausdachte, lautete für die Vorderseite »I googled myself and found nothing« und für die Rückseite »No Worries«. Ein weiterer Vorschlag: Auf der Vorderseite wurde gefragt, ob der Besucher wohl den restauranteigenen Parkservice genutzt hat – nur um auf der Rückseite darauf hinzuweisen, dass das Steakhaus diesen Service überhaupt nicht anbietet. Innerhalb weniger Tage sprudelten die Ideen für Werbeanzeigen, Werbeplakate, Fernsehspots und eine neue Website, die alle auf dem für Australien so typischen Motto »No Worries« – Alles kein Problem! – beruhten. Und nachdem wir unser Mammutprojekt in lauter kleine, leicht verdauliche Häppchen zerlegt hatten, bewahrheitete sich auch für uns: Alles kein Problem!

Kampf dem Chaos zu Hause

Diese Vorgehensweise lässt sich auch im eigenen Haushalt wunderbar umsetzen. Molly Boren hat sich mit ihrer in Chicago ansässigen Dienstleistungsfirma Simplicity Works Organizing Services darauf spezialisiert, Menschen im Kampf gegen das Chaos zu Hause zu unterstützen. Sie erinnert sich noch lebhaft an den verzweifelten Anruf einer vielbeschäftigten Frau namens Rebecca, der das Chaos in ihrem dreistöckigen Haus über den Kopf gewachsen war. »Es war ein Fall, wie ich ihn schon zig Mal erlebt habe«, erzählt Molly. »Rebecca arbeitete von zu Hause aus; sie hatte alle Hände voll damit zu tun, Sammel- und Fotoalben zu gestalten und Strickmode und Schmuck zu entwerfen. Und von ihrer ebenso vielbeschäftigten Familie war keine Hilfe zu erwarten.« Rebecca hatte dem Chaos in ihrem Haus schon oft den Kampf angesagt, doch ihre Bemühungen erwiesen sich immer wieder als vergeblich. Innerhalb kürzester Zeit eroberten sich Kleiderberge, Papierstapel und irgendwelcher Kram sämtliche freigeräumten Flächen zurück.

Als Molly sich ein Bild von der Lage machte, bewahrheitete sich, was sie vermutet hatte: Der Keller war der reinste Albtraum. »Musikinstrumente, Bastelsachen, Papierstapel und nostalgische Accessoires für die Alben lagen kreuz und quer auf dem Boden. Auf allen Tischen und sonstigen freien Stellflächen lagen angefangene Handarbeiten für diverse Projekte herum, die Rebecca jedoch auf Eis gelegt hatte, weil zum Arbeiten kein Platz mehr war.«

Als Organisationsprofi wusste Molly nicht nur, wie sich dieses Chaos dauerhaft beseitigen ließ, sondern auch, dass man den Kampf nicht an der größten Chaosfront beginnen durfte. Sie schlug ihrer neuen Kundin daher vor, wieder nach oben in die Küche zu gehen und sich erst einmal dem Küchentisch zu widmen. Auch dieser war mit Papieren übersät. In den Küchenschränken und Regalen herrschte ein wildes Durcheinander aus Bürosachen, Küchenutensilien und Krimskrams. Diesen Haushalt in Ordnung zu bringen würde Monate dauern, das war Molly klar. Ordnung auf dem Küchentisch zu schaffen wäre dagegen nur eine Sache von Stunden. »Man muss mit etwas Überschaubarem anfangen, das man auch in einem Rutsch erledigen kann«, rät Molly. Auf diese Weise verhalf sie Rebecca zu einem ersten, höchst motivierenden Erfolgserlebnis. Nachdem sich die beiden Frauen als nächstes der Speisekammer angenommen hatten, wagten sie sich an immer größere Räume und Flächen heran, die Molly stets in kleine, überschaubare Arbeitseinheiten unterteilte. »Auch bei dem härtesten Knochenjob, der in diesem Fall daraus bestand, den Keller aufzuräumen, sollte man mit der einfachsten Arbeit beginnen«, empfiehlt Molly. »Oft nehmen sich die Leute viel zu viel auf einmal vor. Sie überfordern sich, und dann verlieren sie die Lust und die Kraft weiterzumachen und sind frustriert. Ich rate meinen Kunden deshalb immer, sich einen Bereich nach dem anderen vorzunehmen, anstatt alles in einem Gewaltakt erledigen zu wollen. Sich eine Schlamperecke oder die Kellertreppe vorzuknöpfen und die Dinge aufzuräumen, die dort herumliegen, ist eine überschaubare Aufgabe, mit der man ein sichtbares Ergebnis erzielt, ohne sich zu übernehmen.«

Wichtig ist auch, sich regelmäßig anzusehen, wie viel man schon geschafft hat, »um sich über die Fortschritte freuen zu können, anstatt ständig an den eigenen Ansprüchen zu scheitern«.

Wandel auf Japanisch

Zahlreiche Studien belegen, dass betriebliche, berufliche und private »Änderungsvorhaben« aller Art am ehesten Erfolg versprechen, wenn sich die Beteiligten einfache, erreichbare Ziele setzen. Mithilfe des ursprünglich von den Anonymen Alkoholikern entwickelten Zwölf-Schritte-Programms konnte nachweislich nicht nur schon vielen Alkoholkranken, sondern mittlerweile auch vielen Kaufsüchtigen und Workaholics geholfen werden, sich dauerhaft von ihren schlechten Angewohnheiten und Suchterkrankungen zu befreien. Das Erfolgsgeheimnis des Zwölf-Schritte-Programms ist, dass die Beteiligten Schritt für Schritt bei der Bewältigung ihrer Probleme unterstützt werden und so dank regelmäßiger kleiner Erfolgserlebnisse immer mehr Selbstvertrauen gewinnen.

Eine ähnliche Philosophie liegt dem Erfolg der japanischen Automobilbranche zugrunde, der sich auf die Lebens- und Arbeitseinstellung »Kaizen« und die Lehren des Taoismus zurückführen lässt. In beiden Fällen definiert sich Erfolg nicht über das Erreichen eines wie auch immer definierten Ziels, sondern über das Streben nach kontinuierlicher Verbesserung. Diese Philosophie spiegelt sich auch in einem alten Sprichwort wider, das heutzutage von vielen Persönlichkeitstrainern und Karriereberatern als modernes Mantra gepredigt wird: »Eine Reise von 1 000 Meilen beginnt mit dem ersten Schritt.« Der Kaizen-Führungsstil verzichtet auf traditionelle Befehlsketten, starre hierarchische Strukturen, Kontrollmechanismen und bedingungslosen Gehorsam seitens der Belegschaft. Stattdessen werden die Mitarbeiter dazu ermutigt, selbstständig und kontinuierlich kleine Veränderungen und Verbesserungen umzusetzen, wann immer sich eine Chance dazu bietet. Kaizen bildet die Grundlage für bekannte Managementsysteme wie Six Sigma und Total Quality Management (TQM), einer Qualitätssicherungsstrategie über alle Unternehmensbereiche hinweg, und ist die treibende Kraft hinter den ehrgeizigen Plänen von Toyota, weltweit zum Autobauer Nummer eins zu werden.

Robert Maurer, außerordentlicher Professor an der medizinischen Fakultät der Universität Los Angeles, Kalifornien, hat sich auf die Psychologie des Erfolgs spezialisiert und tritt für die Umsetzung der Kaizen-Methode im Privat- und Berufsleben ein. Wie Maurer und andere Experten erklären, bietet die Kaizen-Methode die Möglichkeit, den reflexartigen Widerstand gegen alles Neue und Andere zu überwinden, weil Veränderungen in kleinen, behutsamen Schritten erfolgen.

»Im menschlichen Gehirn ist die Angst vor Veränderungen einprogrammiert, und nimmt diese Angst überhand, blockiert sie kreative Gedanken und Veränderungsprozesse«, führt Maurer in seinem Buch *One Small Step Can Change Your Life: The Kaizen Way* aus. Maurer zufolge liegt das Problem darin, dass der Bereich des menschlichen Gehirns, der für den Flucht- oder Angriffsreflex zuständig ist – die Amygdala –, bei *jeder* Abweichung von einer gewohnten Routine sofort Alarm schlägt. Ganz gleich, ob man einen neuen Job antritt oder eine neue Bekanntschaft schließt, für die Amygdala ist jede Abweichung von der Routine Grund genug, den menschlichen Körper auf eine unmittelbar bevorstehende Aktion vorzubereiten. Um sich bei Flucht oder Angriff nicht mit Überlegungen aufzuhalten, wird der Teil des Gehirns, in dem wir bewusst denken – die Großhirnrinde –, teilweise oder manchmal sogar ganz abgeschaltet. Wenn Ihr Chef das nächste Mal wie aus dem Nichts vor Ihnen auftaucht, um sich nach Ihrer bahnbrechenden neuen Idee zu erkundigen, wissen Sie nun wenigstens, woran es liegt, wenn Sie kein vernünftiges Wort über die Lippen bringen. Es erklärt auch, weshalb nicht einmal der talentierteste Schriftsteller vor Schreibblockaden gefeit ist. Ist uns der Zugriff auf die Großhirnrinde – auch Cortex genannt – versperrt, sind wir zu keinem kreativen Gedanken fähig.

Die Kaizen-Theorie geht davon aus, dass kleine Veränderungsschritte den Cortex stimulieren und neue neuronale Verbindungen im Gehirn entstehen lassen. Auf diesem neu gebauten »Verkehrsnetz« werden keine Straßensperren in Form von Flucht- oder Angriffsimpulsen errichtet, und der Wandel wird möglich. Mit winzigen, kaum wahrnehmbaren Veränderungen lässt sich der Amygdala vorgaukeln, dass sich an der gewohnten Routine nicht wirklich etwas ändert.

Lieber kleine als keine Erfolgserlebnisse

Wer sich einfache, leicht erreichbare Ziele setzt, wird oft und ganz regelmäßig mit kleinen Erfolgserlebnissen belohnt. Die Befriedigung darüber, dass sich die ersten Erfolge schnell einstellen, wird Sie anspornen, auch die nächste und übernächste Aufgabe erfolgreich zu meistern. Auf dieselbe Art und Weise führen Sportpsychologen Olympioniken an ihre Höchstform heran.

Die Trainer von Marathonläufern raten ihren Schützlingen zum Beispiel dringend davon ab, auch nur einen Gedanken an die Länge der Gesamtstrecke – gute 42 Kilometer – zu verschwenden, sonst haben sie das Rennen schon so gut wie verloren, bevor überhaupt der Startschuss fällt. Nur wer die Gesamtstrecke gedanklich in Etappenziele aufteilt, die jedes für sich genommen einfach zu erreichen sind, kann einen Marathonlauf gewinnen.

»Der Leistungsfähigkeit sind keine starren Grenzen gesetzt«, meint Bill Morgan, Professor für Kinesiologie an der Universität Wisconsin. Jeder Profisportler lernt, sich die Macht der Kleinigkeiten im Training und im Wettkampf zunutze zu machen; sie helfen ihm, seine ehrgeizigen Ziele zu erreichen.

Auf diese Weise gelangt auch Paula Radcliffe immer an die Ziellinie. Und nicht nur das: Sie stellte den Weltrekord im Marathon der Frauen beim London-Marathon 2003 auf, wurde 2005 Weltmeisterin über dieselbe Distanz und gewann drei Mal den New-York-Marathon. Sie verbietet sich Gedanken wie »Noch eine Meile« oder »Noch 40 Minuten«, sondern zählt stattdessen jeden Schritt. »Wenn ich drei Mal bis 100 gezählt habe, habe ich eine Meile geschafft«, sagt sie. »Das Zählen hilft mir, mich ganz auf das Hier und Jetzt zu konzentrieren und nicht daran zu denken, wie viele Meilen noch vor mir liegen.« Die Befriedigung, die die Spitzenläuferin nach jedem kleinen Etappenziel – nach jedem einzelnen Schritt – empfindet, verhindert, dass ihre Gedanken vorauseilen. Und das gibt ihr die Kraft weiterzulaufen.

Linda wendet denselben Trick an, wenn sie sich auf ihrem Stepper abquält:

Meine täglichen 45 Minuten auf dem Stepper sind ehrlich gesagt eine Qual, und wenn ich die Zeituhr von Anfang an auf eine Dreiviertelstunde einstelle, kann ich mich kaum überwinden, überhaupt anzufangen. Daher stelle ich sie erst einmal nur auf zehn Minuten, und wenn die vorbei sind, gebe ich noch einmal neun Minuten ein, danach acht, dann sieben und so weiter. So komme ich auch auf meine 45 Minuten Training, muss mich aber nicht so abquälen. Im Gegenteil, es motiviert mich, wenn ich ein Zeitintervall geschafft habe und ich mich dadurch belohnen kann, dass das nächste eine Minute kürzer ist.

Der Sieg schmeckt irgendwie süßer – und die Schenkel werden strammer –, wenn man jede Sekunde, die ihn näher bringt, voll auskostet.

Was wir damit sagen wollen? Mit kleinen Schritten kommt man oft schneller und leichter ans Ziel. Regelmäßig zum Jahreswechsel werden alle erdenklichen Vorsätze gefasst: einen neuen Job suchen, die überflüssigen Pfunde loswerden, Geld auf die hohe Kante legen, gesundheitsbewusster leben, den Traumpartner finden. Und noch bevor die ersten Osterhasen in den Supermärkten auftauchen, werden die meisten dieser ehrgeizigen Pläne längst als vollkommen unrealistisch verworfen. Der Grund dafür ist, dass die alljährlichen Neujahrsvorsätze viel zu ehrgeizig, zu stark zielorientiert und zu wenig handlungsorientiert sind. Der Vorsatz, zehn Pfund abzuspecken, gibt das Ziel, aber nicht den Weg dorthin vor. Echte, nachhaltige Veränderungen stellen sich nur ein, wenn man sich *erreichbare*, kleine und bescheidene Ziele setzt.

Wenn Sie ein paar lästige Pfunde loswerden möchten, sollten Sie sich nur »Abspeckmaßnahmen« vornehmen, die Sie auch ganz sicher umsetzen können. Zum Abnehmen ist weder regelmäßiges Schwitzen im Fitnessstudio noch eine Magenverkleinerung notwendig. Sparen Sie sich die Ausgaben für sündhaft teure Laufschuhe, und ersparen Sie sich die berühmte Kohlsuppendiät. Streichen Sie stattdessen einfach 100 Kalorien von Ihrem täglichen Speiseplan. Über ein Jahr gesehen entspricht dies einem Gewichtsverlust von zehn Pfund. Trinken Sie einfach ein Glas Wasser statt Saft, öfter mal Selters statt Sekt. Essen Sie einen Apfel statt Apfelkuchen. 100 Kalorien lassen sich auch schnell wieder verbrennen, zum Beispiel bei einem ausgedehnten Spaziergang, beim Staubsaugen oder sonstigen körperlichen Haushaltsarbeiten. Selbst minimale Veränderungen Ihrer Essgewohnheiten und ein klein wenig körperliche Betätigung machen sich innerhalb einiger Monate in Form einer schlankeren Taille bemerkbar.

Dass sich Kleinigkeiten »läppern« können, ist eine altbekannte Tatsache, die auch für Kleingeld gilt. Vielleicht sollten Sie einmal nachsehen, was sich zwischen den Polstern und unter den Kissen Ihres Sofas verbirgt, anstatt von einem unverhofften Geldsegen oder dem großen Lottogewinn zu träumen. Schätzungen des Unternehmens Coinstar Inc. zufolge liegt in US-amerikanischen Haushalten Kleingeld im Wert von über 10,5 Milliarden US-Dollar herum – exklusive der 1 308 459 Pennies, die ein Tankwart aus Alabama in 38 Jahren gesammelt hat. Seine Sammelleidenschaft brachte Edmond Knowles nicht nur den Titel »Weltmeister im Penny-Sammeln«, sondern auch die stattliche Summe von rund 13 000 US-Dollar ein. Paul Brant aus Indiana hat sich von den Zehn-Cent-Münzen, die er in Krügen, Kaffeedosen, Sparbüchsen und allen möglichen sonstigen Behältern so sammelt, bisher schon zwei nagelneue Pick-ups für die Arbeit und ein normales Auto gekauft. Das Kleingeld, das er seit 1994 immer schön zur Seite legte, läpperte sich auf etwa 63 000 US-Dollar. Mit so viel kann Robin zwar noch lange nicht aufwarten, aber immerhin summiert sich das Kleingeld, das aus ihrem Geldbeutel in eine Dose auf ihrer Kommode wandert, monatlich auf rund 15 Dollar. In den USA bieten manche

Banken mittlerweile Kreditkarten mit einer »Sparschwein-funktion« an. Dabei wird bei jeder Abbuchung automatisch auf den nächsten runden Dollarbetrag aufgerundet und die Differenz dem Sparkonto des Kunden gutgeschrieben. Auch das läppert sich. Und es ist doch immer wieder eine angenehme Überraschung, wenn man am Monatsende nicht um 50 Dollar ärmer, sondern reicher ist – und Zinsen gibt es auch noch dafür.

Das Prinzip der kleinen Schritte kann sich nicht nur sehr positiv auf die Finanzen und die Figur auswirken, sondern auch auf die schulischen Leistungen von Kindern. Alle Eltern machen sich Gedanken – und bisweilen Sorgen – darüber, wie sich ihre Sprösslinge in der Schule so machen, und viele geben Unsummen für Nachhilfeunterricht, Hausaufgabenbetreuung und Aufbaukurse aus. Lehrer und Eltern verbringen Stunde um Stunde damit, den Kindern den Lernstoff oder die Hausaufgaben zu erklären, mit dem Ziel, sie für das Lernen zu motivieren. Jüngsten Forschungen zufolge gibt es jedoch eine viel einfachere und deutlich weniger zeitraubende Motivationstaktik: Man muss den Kindern nur das richtige Lob zur rechten Zeit aussprechen – und zwar immer dann, wenn sie sich besonders ins Zeug legen. Wenn man Kindern nicht immer nur sagt, wie klug und talentiert sie sind, sondern ihre Bemühungen stärker anerkennt, können sie in der Regel besser mit Herausforderungen und Schwierigkeiten umgehen. Zumindest ist dies das Ergebnis einer zehnjährigen Studie, die Carol Dweck an einer staatlichen Schule in New York durchführte. Dweck und ihr Team von der Columbia Universität stellten fest, dass sich die Schüler, die regelmäßig für ihren Fleiß und ihre Bemühungen gelobt werden, mit Begeisterung sämtlichen Herausforderungen stellen, während sich ihre Schulkameraden, die für ihre Intelligenz und ihre Begabungen gelobt werden, vor Problemen lieber drücken. Kleine Erfolgsziele führen zu vielen kleinen Erfolgserlebnissen, die Lust auf mehr machen.

Dieses Konzept machen sich auch Tiertrainer zunutze, das fand die Schriftstellerin Amy Sutherland bei Recherchen zu einem Buch zufällig heraus. Diese neuen Erkenntnisse probierte sie sogleich an ihrem nichts Böses ahnenden Ehemann aus. In ihren vielen Ehejahren hatte Amy die Erfahrung gemacht, dass Nörgeln und Meckern nie eine Veränderung zum Besseren, sondern im Gegenteil zum Schlechteren bewirkte. Beschwerte sie sich darüber, dass er viel zu schnell fuhr, drückte er nur noch mehr aufs Gas. Nörgelte sie über seine Bartstoppeln, rasierte er sich erst recht nicht. Meckerte sie darüber, dass die durchgeschwitzten Sportsachen auf dem Boden statt im Wäschekorb lagen, blieben sie garantiert tagelang dort liegen. Dieses und mehr ist in ihrem Buch *Die Männerbändigerin: Wie ich meinem Mann das Zuhören beibrachte und andere Kunststücke* nachzulesen.

Nachdem Amy diversen Tiertrainern bei der Arbeit zugesehen hatte, fasste sie einen Entschluss: Wenn man sogar einen Pavian dazu bringen konnte, Skateboardfahren zu lernen, indem man erwünschtes Verhalten belohnt und unerwünschtes ignoriert, lohnt sich der Versuch, es zu Hause ebenso zu machen. Sie dankte ihrem Mann für jedes schmutzige Hemd, das im Wäschekorb landete, und waren es sogar einmal zwei, bekam er einen dicken Kuss. Die diversen Kleidungsstücke, die noch immer auf dem Boden herumlagen, ignorierte sie geflissentlich.

»Tiertrainer nennen das ›stufenweise Annäherung‹. Dabei wird jeder kleine Schritt in die richtige Richtung, jede Anpassungsleistung an eine neue Verhaltensweise belohnt«, erklärt Amy. »Man kann schließlich nicht erwarten, dass ein Affe in nur einer Trainingseinheit lernt, auf Kommando einen Salto zu schlagen. Und ebenso wenig kann man von einem Mann erwarten, dass er alle dreckigen Socken in den Wäschekorb entsorgt, nur weil er ein einziges Mal dafür gelobt wurde.« Aber es ist immerhin ein Anfang.

Egal, ob Sie Ihre Beziehung beleben, dem Chaos zu Hause den Kampf ansagen oder Ihr Geschäft ankurbeln möchten: Die Wahrscheinlichkeit des Erfolgs steigt, wenn Sie Ihr großes Ziel in kleine Etappenziele unterteilen.

Mit kleinen Schritten weit kommen

Gewinnen Sie Zeit. Oft wünscht man sich, der Tag hätte mehr als 24 Stunden und die Woche mehr als sieben Tage. Einen Extratag können Sie schwerlich für sich herausschlagen, aber eine Extrastunde vielleicht schon. Robin hat oft mit Jetlag zu kämpfen, da sie beruflich ständig auf Achse ist. Es ist für sie gar nicht so leicht, nach Reisen zu ihrem normalen Schlafrhythmus zurückzufinden. Auch wenn sie sich Stunden früher als üblich ins Bett legt, ist noch lange nicht gesagt, dass sich der Schlaf auch wirklich einstellt. Robin programmiert ihre innere Uhr daher nicht gleich um Stunden, sondern im Fünf-Minuten-Takt um, das heißt, sie geht täglich fünf Minuten früher schlafen, und innerhalb kürzester Zeit stellt sich der gewohnte Schlafrhythmus wieder ein. Dieser kleine Trick funktioniert ebenso gut umkehrt und empfiehlt sich für alle, die morgens schlecht aus den Federn und in die Gänge kommen. Probieren Sie es einmal aus. Wenn Sie nur zwei Wochen lang jeden Tag fünf Minuten früher aufstehen, gewinnen Sie die Stunde, die Sie sich schon immer gewünscht haben, um etwas Sport zu treiben oder unangenehme Dinge schneller vom Tisch zu bekommen.

Füttern Sie ein Sparschwein. Schenken Sie Ihren Kindern ein Sparschwein, das mit all dem Kleingeld gefüttert werden darf, das in ihrem Haus herrenlos herumliegt. Und wenn das Sparschwein voll ist, dürfen Ihre Kinder es schlachten und das Geld behalten. Sie werden nie wieder Münzen aus der Waschmaschine klauben müssen! Wenn Sie keine Kinder haben, schenken Sie sich selbst ein Sparschwein. Und wenn es voll ist, zahlen Sie das Geld auf Ihr Sparkonto ein und füttern das Sparschwein fleißig aufs Neue. So lässt sich ganz einfach die Urlaubskasse aufstocken oder irgendwann sogar der Kurztrip finanzieren, von dem Sie schon so lange träumen. Die läppischen paar Cent läppern sich mit der Zeit!

Chaosbekämpfung leicht gemacht. Organisationsprofi Molly Boren rät: Gewöhnen Sie sich an, morgens und abends jeweils drei Dinge aufzuräumen oder wegzupacken, um dem Chaos im Haushalt langsam, aber sicher den Garaus zu machen. Stellen Sie eine Tüte für die Kleidersammlung und einen Karton für Dinge, die Sie verschenken möchten, neben den Kleiderschrank, ins Kinderzimmer und die Garage. Wenn Ihnen das nächste Mal diese schreckliche Hose unterkommt, die Ihre Figur so unvorteilhaft betont, packen Sie sie nicht wieder in die hinterste Ecke des Kleiderschranks, sondern in die Kleidersammlungstüte! Statt angesichts des lauernden Chaos im Kinderzimmer, Büro oder Keller entsetzt den Rückzug anzutreten, bieten Sie ihm entschlossen die Stirn und suchen nach seiner Schwachstelle: Das ist die Stelle, an der Sie am einfachsten und schnellsten Ordnung schaffen und von der aus Sie dem großen Chaos klammheimlich an den Kragen gehen können!

Kapitel 6
Signale und Zeichen
erkennen und deuten

Je genauer man der eigenen inneren Stimme lauscht,
umso verständlicher wird das Stimmengewirr um einen herum.
Dag Hammarskjöld

Als 1992 ein Frachtschiff in der Nähe der internationalen
Datumsgrenze in einen heftigen Sturm geriet und ein Dut-
zend der geladenen Container über Bord gespült wurde,
war es unwahrscheinlich, dass irgendjemand außer den
Schadenregulierern der Versicherungsgesellschaft je davon Notiz nehmen würde. Welche Auswirkungen auf das
Weltgeschehen sollte es schon haben, dass 29 000 Plastikenten aus Hongkong nicht in US-amerikanischen Bade-
wannen, sondern im Ozean herumschwammen?

Doch genau diese knallgelben Plastikenten wurden immer wieder gesichtet. Wind, Wellen und Meeresströmun-
gen trieben sie an Stränden und Küsten rund um den Globus an Land. Man sah die munteren Entchen am Nordpol
auf Eisschollen und im Surferparadies Hawaii auf Riesen-
wellen reiten. In Schottland tummelten sie sich mit Wild-
lachsen, vor der Küste Maines gesellten sie sich zu Buckel-
walen. Zu Hunderten tauchten die kleinen Enten vor
Alaska auf, wo sie in den Wasserstrudeln rund um das
Städtchen Sitka ein neues Zuhause fanden.

Es grenzt schon fast an ein kleines Wunder, dass die von Wind und Wetter gegerbten Badewannenspielzeuge zwischen all dem Treibgut, das an den Stränden und Küsten der Welt ständig an Land gespült wird, von den Strandspaziergängern überhaupt registriert wurden. Noch wundersamer ist die Geschichte, die die kleinen Enten von ihrer abenteuerlichen Seereise zu erzählen haben. Sie spricht nicht nur Bände über dass Potenzial, das in kleinen Dingen schlummert, sondern hat sich sogar für die Wissenschaft als echter Glücksfall erwiesen.

Als die Meereskundler Curtis Ebbesmeyer und James Ingraham von dem Verlust der Frachtcontainer erfuhren, erkannten sie sofort die großartige Chance, die sich aus dem Schiffsunglück ergab. In einer globalen Rettungsaktion – bei der 100 US-Dollar pro Schnabel als Belohnung ausgesetzt waren – ließen die beiden Wissenschaftler so viele der schiffbrüchigen kleinen Enten wie möglich bergen und fütterten einen Großrechner der US-amerikanischen Wetter- und Ozeanografiebehörde NOAA (National Oceanic and Atmospheric Administration) mit den entsprechenden Daten, um die Odyssee der Enten nachzuvollziehen. Falls Sie sich gerade fragen, warum für Badewannenenten so ein Aufwand betrieben wurde: Diese unverwüstlichen Plastikspielzeuge lieferten den Wissenschaftlern aufschlussreiche Daten über die oft seltsamen Verläufe der Oberflächenströmungen unserer Weltmeere.

»Über die Oberflächenströmungen wissen wir viel weniger als über die Tiefenströmungen«, erklärte Ebbesmeyer der *Washington Post.* »Ozeanografisch gesehen, ist die Meeresoberfläche ein kaum erforschtes Terrain.« Die schiffbrüchigen Entchen haben in dieser Hinsicht Pionierarbeit geleistet. Anhand der Daten, wann und wo die Spielzeugenten an Land gespült wurden, gewannen die Wissenschaftler neue Erkenntnisse über den Verlauf, die Geschwindigkeit und das Zusammentreffen von Oberflächenströmungen. Und mithilfe dieser Informationen können Wetterdienste wiederum genauere Wettervorhersagen treffen und besser vor Schlechtwetterzonen, Wirbelstürmen und sogar Dürreperioden warnen.

Das Potenzial, das in den kleinen Dingen schlummert, half Ebbesmeyer und Ingraham dabei, wertvolle Erkenntnisse über eines der großen Geheimnisse der Meere zu gewinnen. »Jedes Stück Strandgut birgt eine Geschichte und Daten für die Wissenschaft in sich«, so Ebbesmeyer.

Auch im alltäglichen Leben kann und sollte man dem Strandgut, das von überall her vor unsere Füße gespült wird, viel mehr Aufmerksamkeit schenken. Das Leben ist voller glücklicher Fügungen und Fingerzeige des Schicksals, die auf eine Problemlösung oder eine bevorstehende Gefahr hinweisen können. Leider werden diese kleinen Zeichen und Signale üblicherweise ignoriert. Sich nach Strandgut zu bücken und es eingehend zu untersuchen kostet Zeit, die sich niemand nehmen will. Und doch setzt sich jedes Bild aus vielen kleinen Einzelteilen zusammen, die beachtet und betrachtet werden müssen, um das große Ganze richtig deuten und verstehen zu können. Dabei ist es ganz egal, ob man nun den Verlauf eines Wirbelsturms vorhersagen oder die beste Schule für den Sprössling aussuchen möchte. Um die subtilen Botschaften in der Hektik des Alltags überhaupt wahrzunehmen, muss man sich angewöhnen, beständig Ausschau danach zu halten und blitzschnell darauf zu reagieren. Bei KTG konnten wir schon häufiger nur deshalb einen wichtigen Kunden halten oder einen großen Auftrag an Land ziehen, weil wir schnell auf ein kleines Signal oder winziges Zeichen reagierten. Wenn der Kunde einen verstohlenen Blick auf die Uhr wirft oder bei einem Punkt, der uns nebensächlich erschien, plötzlich leuchtende Augen bekommt, stellen wir durchaus auch mal mitten in einer laufenden Präsentation unser Konzept einfach um, weil wir diesem Fingerzeig folgen möchten.

»Ich kann mich noch gut an eine Präsentation für einen potenziellen Neukunden erinnern«, erzählt Linda. »Ich hatte bei meinem Vortrag eher beiläufig das Stichwort ›wissenschaftliche Erkenntnisse‹ einfließen lassen, als mir auffiel, dass einer der Anwesenden plötzlich ganz Ohr wurde und seinem Nachbarn etwas zuflüsterte.« Linda folgte diesem Wink sofort, warf ihr Konzept über den Haufen und stellte die wissenschaftlichen Aspekte unserer Präsentation in den Vordergrund. So haben wir nicht nur den Kunden, sondern auch wichtige Erkenntnisse über seine Prioritäten gewonnen. Nach der Präsentation ließ uns der überaus zufriedene Manager, der auf Lindas Stichwort angesprungen war, wissen, unser Konzept hätte ganz und gar seinen Vorstellungen über Schwerpunkt und Richtung einer Werbekampagne für sein Unternehmen entsprochen. Man muss kein Improvisationsgenie sein, um blitzschnell auf subtile Signale reagieren zu können. Aber man muss sie wahrnehmen und richtig interpretieren lernen. Die oft so sträflich missachteten Fingerzeige des Schicksals lassen bisweilen erkennen, woher der Wind weht – und das hilft uns dabei, Gefahrenzonen zu umschiffen und Fahrt aufzunehmen. Die Fähigkeit, die Zeichen richtig zu deuten, kann sich auch in den unergründlichen Gewässern zwischenmenschlicher Beziehungen als sehr hilfreich erweisen.

Unsere Freundin Sandra hatte einen netten Mann kennen gelernt, mit dem sie über Monate anbandelte. Sie fand ihn überaus aufmerksam, charmant und großzügig – bis zu dem Abend, an dem er beinahe einen Autounfall verursachte. Sandra saß blass und erschrocken auf dem Beifahrersitz, aber anstatt sich zuerst zu versichern, dass sie unverletzt war, und sich vielleicht auch bei ihr zu entschuldigen, schimpfte und fluchte ihr Begleiter lauthals auf den anderen Fahrer. Von Verantwortungsgefühl oder Sorge um Sandra keine Spur. Ein jüdisches Sprichwort besagt, dass sich der wahre Charakter eines Mannes offenbart, wenn er sich ärgert. Dieser Beinaheunfall lieferte Sandra mehr als genug Hinweise auf den Charakter ihres Bekannten, und sie beendete die Beziehung in dem Moment, in dem er sie sicher nach Hause gebracht hatte.

Der Intuition das Steuer überlassen

Unter dem Namen »El Maestro« ging der bereits verstorbene Juan Fangio als Legende in die Welt des Autorennsports ein. Der Argentinier gewann fünf Mal den Weltmeistertitel in der Formel 1, ein Rekord, den ihm 64 Jahre lang niemand streitig machte. Der erfolgreiche Rennfahrer verließ sich jedoch nicht nur auf seine guten Reflexe und Fahrkünste, sondern auch auf seine Intuition.

Nach einigen Jahren Auszeit arbeitete Fangio 1950 hart an seinem Comeback. Er war wild entschlossen, sich seinen Platz unter den Besten zurückzuerobern, doch kritische Stimmen unkten, der 38-Jährige hätte wohl kaum eine Chance, sich gegen die deutlich jüngere Konkurrenz durchzusetzen. Unbeeindruckt von allen Zweifeln und Unkenrufen nahm Fangio am Großen Preis von Monaco teil.

Die Rennstrecke, die sich durch die engen, kurvenreichen Straßen von Monte Carlo windet, gilt weltweit als eine der gefährlichsten, aber auch schönsten des Autorennsports. Der »Circuit de Monaco« ist Jahr für Jahr von Tausenden Rennsportfans gesäumt, die die gefährlich nahe vorbeirasenden Fahrer über den ohrenbetäubenden Lärm hinweg begeistert anfeuern.

Unmittelbar nach dem Start drängte Fangio nach vorne und übernahm die Führung. In der zweiten Runde überkam ihn kurz vor einer Kurve mit einem Mal so ein merkwürdiges Gefühl. Er konnte die Kurve zwar noch nicht einsehen, aber irgendetwas fühlte sich nicht richtig an. Instinktiv trat er auf die Bremse.

Da Fangio in der ersten Runde allen davongefahren war, konnte er nicht wissen, dass es hinter dieser Kurve zu einer Massenkarambolage gekommen war. Mehrere Fahrer hatten die Kontrolle über ihre Autos verloren, weil eine hohe Welle die Rennstrecke überspült hatte. Die Vollbremsung, die Fangio aus einem bloßen Bauchgefühl heraus hinlegte, rettete ihn davor, mit voller Geschwindigkeit in die Unfallstelle zu rasen. In späteren Interviews und Stellungnahmen erinnerte sich Fangio nachträglich an einige flüchtig wahrgenommene Details, die er offensichtlich intuitiv richtig gedeutet hatte: Er erinnerte sich daran, dass er kurz einen Blick auf die Zuschauermenge geworfen hatte, als er vor der Kurve beschleunigte. Statt wie üblich zu jubeln, starrten alle wie gebannt auf eine Stelle hinter der Kurve. Er erinnerte sich auch, am selben Tag kurz vor dem Rennen noch ein Foto von einer Karambolage gesehen zu haben, die sich im Jahr 1936 an genau derselben Stelle ereignet hatte. Ohne sein bewusstes Zutun hatte sein Gehirn in Sekundenbruchteilen zwei und zwei zusammengezählt und die Gefahr erkannt, die sich als ungutes Gefühl in der Magengrube bemerkbar machte und ihn auf die Bremse steigen ließ. Übrigens gewann Fangio den Großen Preis von Monaco.

Ob Rennfahrer oder nicht, wer mit dem schwindelerregenden Tempo unserer heutigen Zeit mithalten will, muss in Sekundenbruchteilen richtig entscheiden und reagieren können. Das ist so gut wie unmöglich, wenn man den eigenen Instinkten nicht traut. Instinkte kommen schließlich nicht von ungefähr, sondern sind die Produkte unserer früheren Erfahrungen und Erlebnisse, die im Unterbewusstsein verarbeitet und ausgewertet werden. Doch da heutzutage fast jeder rund um die Uhr prinzipiell Vollgas gibt, werden die meisten kleinen Stopp- und Warnsignale, die unser Unterbewusstsein aussendet, meist unbemerkt überfahren. Aber wie lernen wir (wieder), rechtzeitig auf die Bremse zu treten?

Ganz einfach: indem man das Tempo drosselt. Augen und Ohren auf – das gilt im Straßenverkehr ebenso wie im Leben! Dann lassen sich nicht nur die kleinen Fingerzeige des Schicksals besser erkennen, sondern auch die instinktiven Gefühle deutlicher wahrnehmen.

Seit Jahrzehnten untersuchen Kognitionsforscher und Neurowissenschaftler, wie Wahrnehmung, Intuition und die Verarbeitung von Informationen funktionieren und zusammenhängen. Ursprünglich glaubte man, das menschliche Gehirn zeichne Informationen ähnlich wie eine Videokamera auf, um sie zur späteren Nutzung abzuspeichern. Diese simple Vorstellung ist heute natürlich längst von tiefergehenden Einsichten in unsere neuronalen Schaltkreise überholt worden. In seinem Buch *Der Takt des Denkens: Über die Vorteile der Langsamkeit* befasst sich der britische Psychologe Guy Claxton eingehend mit der menschlichen Intuition und erklärt, dass der Großteil der Gedankengänge im Alltag nicht unserem Bewusstsein, sondern der uns nicht zugänglichen »Hauptplatine« entspringt, die im Hintergrund arbeitet.

Das von Claxton als »unbewusst« bezeichnete Denken setzt ein, wenn wir unserem Denkapparat eine Pause gönnen. Diese Pause nutzt das Gehirn, um Muster zu erkennen, logische Verbindungen zu knüpfen und komplexe Situationen zu begreifen. Im Hintergrund werden logische Schlussfolgerungen gezogen, die bewusst vielleicht noch gar nicht formuliert werden können. Sobald sie in unser Bewusstsein vordringen, verschaffen sie uns oft die berühmten Aha-Erlebnisse.

Ein solches Aha-Erlebnis hatte der weltbekannte Gastronom Danny Meyer bei seiner ersten Übungsstunde im Fliegenfischen. »Ich war gar nicht so versessen darauf, einen Fisch an der Angel zappeln zu sehen«, erklärt Meyer. »Eigentlich war es das ganze Drumherum, das mich am meisten begeisterte. Zuerst lernt man, wie man sich für den richtigen Köder entscheidet. Dazu watet man ein Stück ins Wasser und tastet auf dem Grund nach einem Stein, hebt ihn auf und untersucht seine Unterseite. Wenn man ganz genau hinsieht, erkennt man die Art der Larven, die unter dem Stein abgelegt wurden. Und wenn man die Larven zuordnen kann, weiß man, was Mutter Natur für die Fische gerade auf dem Speiseplan hat, und kann den richtigen Köder verwenden. Ein Fisch lässt sich nicht austricksen, er beißt nur, wenn ein der Jahreszeit entsprechender Köder an der Angel hängt.« Mit dieser Erkenntnis kehrte er aus der Wildnis in die zivilisierte Welt zurück:

»Menschen lassen sich auch nicht austricksen. Wenn man auch nur das kleinste Detail missachtet, schnappt einem ein anderer die dicken Fische vor der Nase weg.«

Sein Aha-Erlebnis hatte Danny nicht in einer betriebsamen Restaurantküche irgendwo in New York – seinem natürlichen Lebensraum –, sondern im Urlaub beim Forellenangeln. Nach dem Urlaub setzte er die Lektion, die ihm Fliegenlarven unter einem Stein erteilt hatten, im Berufsalltag um. Er gab sich nicht länger damit zufrieden, seine Gäste namentlich zu begrüßen und sich für ihren Besuch zu bedanken. Er bemühte sich nun darum, im Internet, in der Presse und in persönlichen Gesprächen möglichst viel über sie in Erfahrung zu bringen, um auf jeden Gast optimal eingehen zu können. Wenn wir einen neuen Kunden in Dannys Restaurant ausführen, sitzt garantiert keiner unserer Mitbewerber in Hörweite. Ob wir uns darauf verlassen? Ja, weil wir von Danny wissen, dass er jeden Stein umdreht, um auch noch das winzigste Detail zu erkennen.

Höchst sinnvoll: unsere fünf Sinne

Wissenschaftler schätzen, dass das menschliche Gehirn pro Sekunde etwa eine Milliarde Reize empfängt, und jeder einzelne wird von einem unserer fünf Sinne erfasst. Wenn Sie zu Fuß in der Stadt unterwegs sind, hören Sie in einer einzigen Sekunde vielleicht die quietschenden Bremsen eines Busses, ein Martinshorn, Gesprächfetzen ihrer Mitmenschen und so weiter. Vielleicht steigt Ihnen auch irgendwo flüchtig der Geruch frischen Kaffees oder eines Rasierwassers in die Nase. Aus der Milliarde an Sinneswahrnehmungen pro Sekunde filtert Ihr Gehirn etwa hundert zur weiteren Verarbeitung heraus. Wenn Sie darauf vertrauen, dass Ihr persönlicher Reizfilter weiß, was für Sie wichtig ist, und Sie den Zeichen und Signalen folgen, die er Ihnen übermittelt, werden Sie feststellen, dass Sie oft viel mehr »wissen«, als Sie glauben.

Bevor sich Fokusgruppen und Marktforschung in der Marketingbranche durchsetzten, verließ sich Linda auf ihr Gänsehautgefühl, das sich immer dann einstellte, wenn sie eine geniale Marketingidee ausgebrütet hatte. »Die Gänsehautstrategie habe ich über viele Jahre erfolgreich bei Kodak angewendet«, gibt sie lachend zu. Wann immer eine Anzeige oder ein Werbespot für Kodak ihr kalte Schauer über den Rücken jagte oder Tränen in die Augen trieb, wusste sie, dass sie einen Volltreffer gelandet hatte. Linda ist keine Hellseherin. Sie weiß aber, dass die durch starke Emotionen ausgelösten körperlichen Reaktionen ein untrügliches Zeichen für die emotionale Kraft ihrer Ideen sind. Viele Jahre und erfolgreiche Werbekampagnen später weiß auch heute noch jeder in unserer Agentur, dass gerade eine geniale Idee geboren wurde, wenn Linda Gänsehaut bekommt. Wenn es sie eiskalt überläuft, sagt uns das mehr als jedes Umfrageergebnis. Durch Emotionen ausgelöste körperliche Reaktionen sind zwar oft sehr subtil und im Nu wieder vorüber, aber extrem aussagekräftig.

Der forensische Psychologe Anthony Pinizzotto bildete an der FBI-Akademie in Quantico, Virginia, jahrelang FBI-Mitarbeiter in sogenannter intuitiver Ermittlungsarbeit aus. Schon als Streifenpolizist in Washington, D. C. hatten ihn die intuitiven Aspekte der Polizeiarbeit fasziniert. Einer seiner damaligen Partner hatte ein absolut untrügliches Gespür für gestohlene Fahrzeuge entwickelt. Er konnte es geradezu riechen, wenn ein gestohlenes Auto vorbeifuhr, und klemmte sich dahinter, noch bevor die Einsatzzentrale über Funk seinen Verdacht bestätigte. Pinizzotto stand vor einem Rätsel und fragte seinen Partner natürlich immer wieder, wie er das nur wissen konnte. Wie sich nach und nach herausstellte, registrierte sein Partner unbewusst kleine, verräterische Details, die auf einen Fahrzeugdiebstahl hindeuteten: Wenn der Fahrer eines Wagens zum Beispiel den Blick abwandte, wenn der Streifenwagen an ihm vorbeifuhr, oder wenn am Nummernschild ein oder zwei Schrauben fehlten (was bedeuten konnte, dass das Nummernschild eilig ausgewechselt worden war).

»Bei jeder Interaktion zwischen Ermittlern und Verdächtigen werden beständig kleine Signale zwischen den Beteiligten ausgetauscht«, erläutert Pinizzotto. Er fasst diese Signale unter dem Begriff »Mikroverhalten« zusammen.

Die Fähigkeit, Mikroverhalten wahrzunehmen und

richtig zu deuten, kann sogar Menschenleben retten, wie Pinizzotto und seine Kollegen Edward Davis und Charles Miller III bei der Untersuchung gewalttätiger Übergriffe gegen verdeckte Ermittler im Drogenmilieu feststellten. In einem Fall ging es um eine Razzia an einem bekannten Drogenumschlagplatz in Washington, D. C. Als die Drogenfahnder anrückten, versuchten Dealer und Käufer gleichermaßen, sich schnellstmöglich aus dem Staub zu machen. In diesem Durcheinander deutete einer der Fahnder plötzlich auf einen etwa zehn Meter entfernt stehenden Mann und schrie: »Vorsicht! Der Kerl im roten Hemd ist bewaffnet, schnappt ihn euch!« Die Schusswaffe war nicht zu sehen, doch als die Drogenfahnder den Verdächtigen überwältigt hatten und durchsuchten, fanden sie in seinem Hosenbund tatsächlich eine Waffe.

Der Beamte konnte es zunächst weder sich noch seinen Vorgesetzten erklären, weshalb er so sicher gewesen war, dass der Mann eine Waffe hatte. Da im Gerichtssaal die Aussage »Ich war mir einfach sicher« natürlich fehl am Platz gewesen wäre, befragte man ihn eingehender zu dem Vorfall, bis er sich nach und nach an einige Details erinnerte, die auf die Gefahr hingedeutet hatten. Erstens: Der Beamte hatte flüchtig wahrgenommen, dass der Verdächtige zuerst auf dem Boden saß, dann schnell aufstand und seinen Hosenbund zurechtrückte, als die Razzia begann. Diese typische Bewegung erkennt instinktiv jeder, der selbst eine Schusswaffe trägt. Zweitens: Obwohl es eine laue Sommernacht war, trug der Verdächtige ein langärmeliges Hemd, das weit über den Hosenbund reichte. Und drittens: Als sich der Verdächtige aus dem Staub machen wollte, hatte er sich sofort aus dem Blickfeld der Drogenfahnder entfernt, in diesem Fall nach rechts. Aus diesen »Mikroverhaltensweisen« zog der Beamte den – wie sich herausstellte richtigen – Schluss, dass der Verdächtige bewaffnet war.

Die Fähigkeit, Situationen richtig zu deuten, Feinheiten wahrzunehmen und darauf zu reagieren, wird oft unterschätzt und vernachlässigt. Ständig heißt es, »Wir wollen uns jetzt doch nicht in den Details verlieren« oder »Halten Sie sich nicht mit unwichtigen Kleinigkeiten auf«. Doch Kleinigkeiten können sich zu großen Problemen auswachsen, wenn sie zu lange ignoriert werden. Es empfiehlt sich daher, genauer auf die kleinen Puzzleteile zu achten, die direkt vor der Nase liegen, anstatt nur Augen für das Gesamtbild zu haben. In den kleinen Puzzleteilen stecken oft wichtige Botschaften, die sich manchmal eben nicht in Worte fassen lassen.

Feinheiten und Fallstricke der Kommunikation

Da Kommunikation nicht nur auf der verbalen, sondern auf zahlreichen weiteren Ebenen stattfindet, gibt es auch zahlreiche Möglichkeiten für Missverständnisse verschiedenster Art. Wie wichtig es ist, bei der Kommunikation auch die nonverbalen Signale richtig zu deuten, veranschaulicht die folgende Geschichte, die bei KTG jedes neue Teammitglied zu hören bekommt. Die tragische Hauptrolle in dieser Geschichte spielt unsere Freundin und Kollegin Jody, der das Missverständnis noch heute leid tut. Jody hielt eine wichtige Präsentation für einen Kunden ab, ließ ihren Blick kurz über die Runde ihrer Zuhörer schweifen und bemerkte dabei, dass ihr einer der Manager zuzwinkerte. Jody fühlte sich dadurch in ihren Ausführungen bestätigt und zwinkerte keck zurück. Einige Minuten später zwinkerte er ihr wieder zu, und Jody zwinkerte zurück. »Meine Präsentation gefällt ihm, das läuft ja wie geschmiert«, freute sie sich. Kurz vor der geplanten Pause zwinkerten sich die beiden noch einmal zu. Stolz und zufrieden darüber, offenbar einen starken Verbündeten unter ihren Zuhörern gefunden zu haben, puderte sich Jody in der Pause gerade die Nase, als eine Teamkollegin ihres vermeintlichen Fans zur Türe hereinrauschte und sie zur Rede stellte: Ob sie nicht ganz bei Trost sei, und ob sie den Manager unbedingt blamieren wollte? Jody war entsetzt. Sie hatte sein Augenzwinkern nur durch die engen Maschen ihres eigenen Wahrnehmungsfilters interpretiert – und dabei wohl vollkommen fehlinterpretiert. Der Mann hatte ihr nie zugezwinkert. Er litt an einem nervösen Tick!

Es ist heutzutage wichtiger denn je, über fließende Kenntnisse in der Körpersprache zu verfügen, vor allem, wenn man bedenkt, dass wir beruflich und privat immer weniger von Angesicht zu Angesicht und immer häufiger über elektronische Medien kommunizieren. Und da die vielen nonverbalen Komponenten der Kommunikation nun einmal nicht über Daten- oder Telefonleitungen übertragen werden können, kommt es umso mehr darauf an, sie bei persönlichen Kontakten wahrzunehmen und richtig zu interpretieren. Bei einem Telefonat lässt sich zum Beispiel die harmlose Frage »Können wir das vielleicht später besprechen?« leicht so auslegen, dass Ihr Gesprächspartner sich gerne ausführlich mit Ihnen unterhalten würde, wenn da nicht gerade drei andere Telefonate in der Warteschlange wären. Säßen Sie Ihrem Gesprächspartner in diesem Moment gegenüber und würden bemerken, dass er den Blickkontakt mit Ihnen meidet, würden Sie seine Frage sicherlich anders interpretieren: Er verliert das Interesse, und wenn Sie nicht sofort Gegenmaßnahmen ergreifen, verlieren Sie den Auftrag. Im Zuge diverser Studien über Arbeitsmoral und Mitarbeiterzufriedenheit stellte Dr. Lester Lefton fest, dass persönlich übermittelte Botschaften von Vorgesetzten, zum Beispiel ein anerkennendes Schulterklopfen, die Mitarbeiter wesentlich stärker motivieren als offizielle Lobeshymnen oder Urkunden für besondere Leistungen. »Ein Chef, der mit dem Fingerknöchel auf den Tisch klopft und dabei verkündet, ›Diese Aufgabe ist wichtig, und sie eilt!‹, vermittelt seine Botschaft wesentlich eindringlicher, als wenn er dasselbe in einer E-Mail schreibt«, sagt Dr. Lefton.

Manchmal sagt gerade das, was *unausgesprochen* bleibt, mehr als tausend Worte. Eine unserer Lieblingsgeschichten aus der Werbewelt handelt davon, wie Charlotte Beers, eine der ersten Frauen in der Marketingbranche, den Großkunden Sears gewann. Damals, in den 1970er Jahren, stand der Name Sears vor allem für Elektrowerkzeuge. Das war definitiv eine männliche Domäne, deshalb hegte Charlotte den Verdacht, Sears könnte es ihr als Frau vielleicht nicht zutrauen, für die Produkte zu werben. Bei der entscheidenden Besprechung mit den großen Sears-Bossen zog Charlotte daher nach fünf Minuten einfach einen Elektrobohrer aus der Tasche, zerlegte ihn und setzte ihn anschließend wieder zusammen. Kommentarlos und ohne auch nur ein Schräubchen fallen zu lassen. Überflüssig zu erwähnen, das sie den Auftrag bekam. Ihre kleine Demonstration war auch ohne Worte restlos überzeugend.

Rachel Greenwald, erfolgreiche Partnervermittlerin und Autorin des Buchs *Warum ruft er mich nicht an?*, stellt immer wieder fest, dass viele verheißungsvolle Liebesbeziehungen an unbedeutend erscheinenden Kleinigkeiten und unbedachten Äußerungen scheitern.

Rachel interviewte mehr als tausend Männer, um herauszufinden, weshalb sie nach der ersten Verabredung mit einer potenziellen Partnerin nie wieder etwas von sich hören ließen. Als Grund für ihre Funkstille gab die große Mehrheit der Befragten an, es wäre nichts Gravierendes passiert, aber zu viele Kleinigkeiten hätten einfach nicht gestimmt.

»Häufig ist es der Frau gar nicht bewusst, dass ihn irgendeine Kleinigkeit nervt«, erklärt Rachel. »Aber wenn man sich gerade erst kennen lernt, summieren sich ein paar unbedachte Äußerungen hier, ein paar unbewusste Gesten dort zu einem für den Mann abschreckenden Gesamteindruck.«

Einer der Befragten hatte zum Beispiel bereits bei der ersten Verabredung jegliches Interesse an weiteren Rendezvous verloren, weil die Dame auffällig oft höchst undamenhafte Kraftausdrücke wie »Scheiße« und »Arschkriecher« in die Unterhaltung einfließen ließ. So sympathisch sie ihm ansonsten auch war, er konnte sich keine Beziehung mit einer Frau vorstellen, die sich nicht kultiviert unterhalten konnte. »Ich hätte mich ja nie getraut, sie meinem Chef vorzustellen«, erklärte er Rachel.

Ein anderer Mann war von seiner potenziellen Partnerin zum gemütlichen Abendessen bei ihr zu Hause eingeladen worden und half ihr anschließend beim Abräumen. Sie wies ihn darauf hin, dass er das Geschirr nicht richtig in die Spülmaschine eingeräumt hatte. Diesen kleinen Hinweis hatte die Frau bestimmt nicht böse gemeint. Aber er reichte aus, um sie in seiner Vorstellung als dominant und übertrieben penibel erscheinen zu lassen. Dumm gelaufen, aber ganz einfach vermeidbar. Rachel rät: »In der Kennenlernphase sollte man sich jegliche Kritik am anderen verkneifen. Und wenn man unbedingt an jemandem herumkritisieren möchte: Die nächste Leistungsbeurteilung der Mitarbeiter kommt bestimmt.«

Als Linda 1992 an der Wahlkampagne für Bill Clinton

mitarbeitete, stellte sie fest, dass er mit einer seltenen Gabe gesegnet ist: Clinton kann anderen Menschen das Gefühl vermitteln, etwas ganz Besonderes zu sein.

»Unser Team zählte 15 Leute, doch ich hätte schwören können, dass er sich in den 90 Minuten, die unsere Besprechung dauerte, ausschließlich mit mir unterhielt. Für ihn war *ich* die Hauptperson in unserem Team, da war ich mir absolut sicher«, erinnert sich Linda. »Als ich mich anschließend noch mit einem Kollegen aus unserem Team unterhielt, sagte der doch glatt zu mir: ›Ist dir aufgefallen, dass Clinton die ganze Zeit nur mit mir geredet hat?‹«

Wenn man einmal genau darauf achtet, kann man feststellen, welchen kleinen Trick Clinton anwendet: Er lässt seinem Gegenüber ungeteilte Aufmerksamkeit zukommen, bis er einen Satz oder Gedanken zu Ende geführt hat, und wendet sich erst dann einer anderen Person zu. Wie Linda bestätigen kann, hat jeder von Clintons Gesprächspartnern so das Gefühl, dieser Satz oder Gedanke gelte ausschließlich ihm.

Geheimbotschaften und kryptische Zeichen entschlüsseln

Die Kommunikation in der Geschäftswelt ist mit zahlreichen Geheimcodes gespickt, die es richtig zu entziffern gilt. Kaum jemand sagt geradeheraus, was er wirklich will, sondern man »schleicht um den heißen Brei herum«

oder »sagt es durch die Blume«, wie Robin es formuliert. »So lernt man in unserer Branche beispielsweise schnell, was dahinter steckt, wenn das Lieblingswort eines Kunden ›Flexibilität‹ lautet: Er ändert das Konzept im Minutentakt und braucht eine Agentur, die sich davon nicht aus der Ruhe bringen lässt und die Dinge nimmt, wie sie kommen. Bei Problemen müssen wir daher immer nach den Indizien suchen, die auf ihre Ursachen hindeuten. Liegen die Umsatzeinbrüche, über die sich ein Kunde beklagt, tatsächlich an einer schlecht durchdachten Kampagne oder doch eher daran, dass die Chemie zwischen dem Kunden und seiner Werbeagentur nicht stimmt?« So wandte sich einmal ein Unternehmenskunde an uns und bat um ein Treffen, obwohl die von unserer Konkurrenz produzierten Fernsehwerbespots hervorragend beim Zielpublikum ankamen. Wir wussten, welche Werbeagentur dahinter steckte, und wir wussten auch, dass sie in unserer Branche als arrogant und zu teuer verschrien war. Da es an der Werbekampagne absolut nichts auszusetzen gab, musste die Unzufriedenheit des Kunden persönliche Gründe haben. Vermutlich fühlte er sich bei der Konkurrenz nicht gut aufgehoben. Ein Wink des Schicksals, dem wir sofort folgten. Linda und Robin nahmen persönlich an jeder Besprechung teil, auch wenn – oder gerade wenn – es nur um Kleinigkeiten ging. Alle, die an dem Projekt mitarbeiteten, telefonierten oft und regelmäßig mit unserem potenziellen Neukunden, um Ideen mit ihm abzusprechen oder einfach nur zu plaudern. Dieser Kunde brauchte die

Gewissheit, dass wir ihm zur Verfügung standen, jederzeit ansprechbar, kooperativ und, ja, umgänglich und einfach nett waren, und das mussten wir ihm signalisieren. Unsere Botschaft ist bei ihm angekommen, und wir gewannen einen neuen Kunden. Wie gut Sie im Wettbewerb abschneiden, hängt zum Großteil davon ab, wie gut Sie Situationen intuitiv richtig erfassen und wie gut Sie die unzähligen Zeichen und Signale, die im Äther herumschwirren, empfangen und dechiffrieren können.

Als Kind der Bronx kam Robin quasi als Yankee-Fan auf die Welt. Für sie ist Baseball die beste Fallstudie zum Thema Führungsqualitäten:

Wer sich nur oberflächlich für Baseball interessiert, hält so ein Spiel vielleicht für einen netten, unterhaltsamen Zeitvertreib. Ein echter Fan aber weiß natürlich, wie unglaublich konzentriert die Spieler auf jedes kleinste Muskelzucken ihrer Mitspieler und Gegner achten. Der Boss auf dem Spielfeld ist unbestritten der Catcher. Er steht auf der strategisch wichtigsten Position und ist der Einzige, der den Überblick über das gesamte Feld und sowohl den Batter als auch die Verteidigungspositionen im Blick hat. Einer der besten Catcher aller Zeiten ist der legendäre Yogi Berra. Mir wurde die große Ehre zuteil, ihn einmal persönlich kennen zu lernen, als er bei einem Werbespot für Aflac mitspielte. Yogi entging kaum eines der kleinen Signale und Zeichen, die auf dem Spielfeld herumschwirrten.

Der beliebte Profispieler, der es in die Hall of Fame geschafft hat, erzählte uns kürzlich einige Anekdoten aus seinen glorreichen Tagen in den 1950er und 1960er Jahren. »Ich habe sämtliche Batter eingehend studiert. Da es damals nur acht Profiteams gab, kannten wir uns alle und wussten voneinander, wer welchen Schlag drauf hatte.« Yogi beschäftigte sich jedoch nicht nur mit den Stärken und Schwächen einzelner Spieler, sondern sah sich auch genau an, wie gegnerische Teams als Mannschaft zusammenarbeiten. Er wusste, mit welchem Drall und Effet welcher Batter ausgetrickst werden konnte. Er studierte die Base Runner, vor allem deren Haltung und Körperspannung, um vorhersagen zu können, ob ein Versuch, die Second Base zu »stehlen«, bevorstand – was er wiederum seinem Pitcher signalisieren musste. Er beobachtete anhand der Fahnen, ob sich die Windrichtung drehte, was sich auf die Flugbahn des Balls auswirken konnte. Da der Catcher praktisch ständig ins Spiel involviert ist (während die Pitcher wechseln), fiel ihm sofort auf, wenn sich die Haltung eines Batters geändert hatte und welche Würfe er nun am ehesten traf. Der Pitcher verlässt sich darauf, dass der Catcher all diese Details beachtet und ihm signalisiert, welche Wurftechnik er anwenden soll. »Ich liebe dieses Spiel,« erklärt Yogi. »Es ist eine Wissenschaft für sich.«

Seine Liebe zum Baseball und sein intensives Studium der Feinheiten und Kleinigkeiten dieses Spiels machten Yogi zu einem harten Brocken für die gegnerischen Teams.

Wenn man so aufmerksam auf alle Zeichen und Signale achtet, die sich in der Umgebung offenbaren, ist der Erfolg vorprogrammiert.

Oder wie Yogi zu sagen pflegt: »Man kann eine Menge beobachten, wenn man nur hinschaut.«

Mit kleinen Schritten weit kommen

Was verrät Ihre Körpersprache? Erstellen Sie eine Videoaufzeichnung Ihrer nächsten Präsentation oder Mitarbeiterbesprechung, und achten Sie einmal darauf, welche nonverbalen Signale Sie aussenden. Blättern Sie womöglich gerne in Ihren Unterlagen, sobald ein anderer das Wort ergreift? Falls ja, steht Ihnen quasi auf der Stirn geschrieben: »Langweilig. Warte nur auf meinen nächsten Einsatz.«

Bitten Sie um konstruktive Kritik. Bitten Sie einen Kollegen oder Geschäftspartner, Ihnen ganz offen und ehrlich folgende Fragen zu beantworten: Strahlen Sie gelegentlich Misstöne oder gar negative Schwingungen aus? Haben Sie sich vielleicht Gesten, Ausdruckweisen oder sonstige Eigenarten angewöhnt, die zu Ihrem Markenzeichen geworden sind, ohne dass Sie es überhaupt wissen? Fallen Sie bei Besprechungen oder Präsentationen durch irgendwelche schlechten Angewohnheiten auf, die Ihnen gar nicht bewusst sind?

Werden Sie Botschafter. Henry Kissinger, Außenminister unter Richard Nixon, besaß die Fähigkeit, selbst auf großen Veranstaltungen für jeden Einzelnen ein paar persönliche Worte übrig zu haben. Kissinger als Onkel Wikipedia? Sein Trick war ganz einfach: Er prägte sich zu jedem Menschen, dem er begegnete, ein persönliches Detail ein. Zum Beispiel, an welcher Universität die Tochter studiert oder in welchem Golfclub der Ehemann Mitglied ist. Notieren Sie sich fünf Personen, mit denen Sie in der kommenden Woche verabredet sind. Finden Sie über jeden eine unverfängliche, persönliche Kleinigkeit heraus, die Sie beim nächsten Treffen in die Unterhaltung einfließen lassen. Oder ergänzen Sie Ihre Kontaktliste um die Spalte »Persönliches Detail«.

Stellen Sie sich taub. Werden die verbalen Signale ausgeblendet, fallen die nonverbalen viel stärker auf. Probieren Sie einmal Folgendes aus: Stecken Sie sich im Bus oder der U-Bahn Ohrstöpsel in die Ohren, und achten Sie darauf, was die anderen Fahrgäste »sagen«, ohne dass Sie etwas »hören«. Eine Übung für Fortgeschrittene: Stellen Sie sich in einer Besprechung vor, Sie könnten kurz auf eine mentale Stummtaste drücken. Dann achten Sie darauf, wer welche nonverbalen Botschaften und Signale aussendet: Sagt vielleicht schon die Sitzordnung etwas aus? Ist ein freundliches Lächeln nur aufgesetzt? Spielt Ihr Sitznachbar aus Nervosität oder Langeweile ständig mit dem Stift herum? Zeichen und Signale wie diese sprechen Bände.

Kapitel 7

Kleine Fehler, böse Folgen

Wer glaubt, an Kleinigkeiten bräuchte man sich nicht
zu stören, soll einmal versuchen, mit einer Stechmücke
im Raum ruhig zu schlafen.

Dalai Lama

Elvin Bale zählte zu seiner Zeit zu den tollkühnsten Luftakrobaten der Welt. Seine Nummern, die er in der Manege der Ringling Brothers zum Besten gab, waren so wag-
halsig, dass ihm sogar der berühmte Motorradstuntman
Robert Craig Knievel, genannt »Evel Knievel«, einmal die
Hand schüttelte und ihm anerkennend bescheinigte, er
wäre völlig verrückt. Als Sohn eines Tigerdompteurs atmete Elvin von klein auf Manegenluft. Der Zirkus war
seine Welt und sein Leben. Bereits im Alter von 17 Jahren
hatte sich Elvin mit spektakulären Solonummern als ein
Star der Manege etabliert, und immer wieder ließ er sich
noch etwas Irrwitzigeres einfallen, um dem Publikum etwas Neues, Atemberaubendes bieten zu können. So voll-
führte er beispielsweise mit verbundenen Augen halsbre-
cherische Stunts auf dem Motorrad und raste auf dem
Hochseil durch ein riesiges, sich drehendes »Todesrad«.

Von all den waghalsigen Nummern aus Bales Reper-
toire war die »Menschliche Kanonenkugel« vergleichs-

weise harmlos: Elvin ließ sich aus einer riesigen Kanone herausschleudern, schoss in Superheldenmanier in hohem Bogen durch das Zirkuszelt und landete auf einem Luftkissen. Die »Menschliche Kanonenkugel« war seine Erfindung und seine Nummer, und er beherrschte sie praktisch im Schlaf. 1987 unterlief Elvin Bale bei einer Aufführung in Hongkong dennoch ein kleiner Fehler.

Eine Zirkuskanone sieht aus und klingt wie eine echte Kanone – eine Illusion, die durch Hydraulik und Soundeffekte geschaffen wird. Das Funktionsprinzip ist das eines überdimensionalen Kolbens. Bei den Proben wird mithilfe von Sandsäcken ermittelt, mit wie viel hydraulischer Kraft das menschliche Projektil wie weit fliegt, und natürlich mussten Elvin Bales Sandsackdummys genauso viel wiegen wie die menschliche Kanonenkugel selbst. Doch an jenem schicksalhaften Tag in Hongkong ging etwas schief. Nach einem Regenschauer hatte irgendjemand Elvin Bales Sandsackdummy auf dem noch regennassen Boden für ihn bereitgelegt. Kurz vor seiner Probe prüfte Elvin nach, ob sich der Sandsack noch feucht anfühlte, aber er schien trocken zu sein. Alles in Ordnung, glaubte er, und er verzichtete darauf, den Sandsack auch noch zu wiegen, um auf Nummer sicher zu gehen. Aber eines hatte Elvin nicht bedacht: dass der Sand im Inneren des Sacks noch feucht und der Dummy somit schwerer sein könnte als sonst. Bei der Justierung und Einstellung der Kanone für den späteren Auftritt richtete sich Bale daher wie immer nach der Flugbahn seines Dummys und ließ sich anschließend selbst herauskatapultieren. Mitten im Flug wurde ihm schlagartig klar, dass etwas ganz und gar nicht stimmte. Er flog viel schneller als sonst und weit über den sicheren Landepunkt – das Luftkissen – hinaus.

Der winzig kleine Fehler könnte in einer Katastrophe enden und ihn Kopf und Kragen kosten.

Paradoxerweise entfaltete sich die Szene für Elvin wie in Zeitlupe, und er bewahrte Ruhe. Vielleicht, so überlegte er, könnte er den Aufprall ein bisschen abfedern – sich im Flug ein klein wenig drehen, um nicht wie üblich auf dem Rücken zu landen, wie er es auf dem Luftkissen tat, sondern auf den Füßen. Das war seine einzige Chance, den Aufprall zu überleben. Gedacht, getan. Er prallte mit den Füßen voran auf dem harten Betonboden auf und brach sich dabei beide Knöchel, ein Knie, ein Bein und die Wirbelsäule. So endete die aktive Zirkuskarriere des weltberühmten, tollkühnen Luftakrobaten im Alter von 41 Jahren. Er war von der Hüfte abwärts gelähmt.

Dieser tragische Unfall zeigt, was passieren kann, wenn Kleinigkeiten übersehen werden. Fakt ist, dass sich überall auf der Welt Tag für Tag kleinere und größere private oder berufliche Katastrophen anbahnen, die im letzten Moment gerade noch abgewendet werden können – oder auch nicht. Zum Glück stehen Menschenleben nur selten auf dem Spiel. Karrieren dafür umso häufiger.

Schlecht behütet

Als Linda vor vielen Jahren noch als Kreativdirektorin bei einer anderen Werbeagentur arbeitete, unterlief ihr einer ihrer bemerkenswertesten – und lehrreichsten – Ausrutscher ihrer Karriere. Linda war damals für einen der wichtigsten Agenturkunden, Toys"R"Us, zuständig. Aus dieser Zeit stammt auch ihr genialer Werbejingle »I don't want to grow up, I'm a Toys"R"Us Kid«, ein Ohrwurm, mit dem inzwischen mehrere Generationen von US-amerikanischen Kindern aufgewachsen sind. Im Lauf der Jahre hatte Linda eine enge Beziehung zu diesem Kunden aufgebaut und Hunderte von Werbespots für ihn produziert. Jetzt könnte man ja glauben, Spielzeugwerbung sei ein Kinderspiel. Und doch schlitterte Linda dabei nur haarscharf an einer Katastrophe vorbei.

Der Werbeauftrag selbst war nicht weiter schwierig: die Produktion eines Fernsehspots, in dem eine bevorstehende Preisnachlassaktion bei Toys"R"Us angekündigt werden sollte. Die Vorgaben des Kunden waren folgende: Der Spot sollte den Verbrauchern Spaß am Spielen, Spannung, das hervorragende Preis-Leistungs-Verhältnis und ein Gefühl der Dringlichkeit vermitteln, da die Aktion zeitlich begrenzt war. Lindas Kreativteam hatte auch schon bald eine originelle Idee für den Spot. Als Soldaten verkleidete Kinder musterten ihre Truppen, um sich auf den großen Einmarsch in die Spielzeugläden von Toys"R"Us vorzubereiten.

Am Drehtag herrschte das übliche Chaos – die Skripts mussten noch einmal durchgesehen werden, und die eine oder andere Requisite wurde herbeigeschafft. Gestresste Assistenten und deren Helfershelfer eilten hektisch von hier nach dort, mittendrin baute das Produktionsteam das Bühnenbild und die Gerätschaften auf, während die aufgedrehten, kleinen Nachwuchsschauspieler kostümiert, frisiert und mit diversen militärischen Kopfbedeckungen wie Offiziershüten und Soldatenmützen ausstaffiert wurden. Für die Kinder war es wie ein großes Kostümfest. Linda war selbst nicht am Dreh, doch nachdem ihr das Kreativteam versichert hatte, dass alles bestens gelaufen war, segnete sie die Endfassung ab, und der Werbespot ging auf Sendung.

Und dann klingelte ihr Telefon.

Der aufgebrachte Sprecher einer bekannten Verbraucherschutzorganisation verlangte von ihr, die Ausstrahlung des Werbespots unverzüglich einzustellen. Linda war fassungslos und zutiefst beunruhigt. Wo lag nur das Problem?

Wie sich herausstellte, war ein afroamerikanischer Junge mit einem Kinderhut nach dem Vorbild der Konföderierten Armee ausgestattet worden. Noch schlimmer: Der Junge hatte gemeinsam mit den anderen kleinen »Soldaten« salutiert. Er war weniger als eine Sekunde im Bild – man musste schon die Standbildfunktion nutzen, um die Kopfbedeckung überhaupt identifizieren zu können. Doch jemand hatte sie nun einmal entdeckt, und nun war dieser verärgerte Mann in der Leitung und wollte von Linda wissen, wie sie es wagen konnte, sich über eines der schwärzesten Kapitel der US-amerikanischen Geschichte lustig zu machen. Das war natürlich keineswegs ihre Absicht gewesen. Linda wäre am liebsten in Grund und Boden versunken, so peinlich war ihr die Sache. Sie versicherte dem Anrufer, dass man dieses Detail schlichtweg übersehen hatte. Das Ganze war ein schreckliches Missverständnis und ein unglaublich dummer Fehler.

Obwohl es nicht Linda, sondern eine der Stylistinnen gewesen war, die ausgerechnet dem afroamerikanischen Jungen diesen speziellen Hut aufgesetzt hatte, macht sich Linda noch heute Vorwürfe, dass ihr dieser Fauxpas nicht aufgefallen war. »Ich hätte besser aufpassen müssen«, jammert sie. »Mir wird heute noch ganz schlecht, wenn ich an den Vorfall denke.« Aus der vermeintlichen Kleinigkeit, irgendeine Kopfbedeckung aus der Requisitenkiste zu wühlen und einem Kind aufzusetzen, war ein Riesenproblem geworden. Der gute Ruf aller Beteiligten, wertvolle Geschäftsbeziehungen und gute Jobs standen plötzlich auf dem Spiel. Die strittige Szene wurde natürlich aus dem Werbespot geschnitten. Die Werbeagentur entschuldigte sich in aller Form bei der Verbraucherschutzorganisation und bei Toys"R"Us und buchte anschließend für das gesamte Team ein Seminar, in dem interkulturelle Kompetenzen vermittelt wurden, um sicherzugehen, dass solche versehentlich diskriminierenden Inhalte in Zukunft nicht mehr vorkamen. Linda war von diesem Seminar so angetan, dass entsprechende Kurse mittlerweile fester Bestandteil unserer Mitarbeiterschulungen bei KTG sind. Der Wahlspruch unseres Kursleiters Kendal Wright wurde zu unserem Motto bei KTG und erinnert uns beständig daran, wie wichtig es ist, auch den winzigsten Details Beachtung zu schenken: »What you ignore becomes more« – Lässt du Kleinigkeiten links liegen, werden sie dich später kriegen.

Fehler sind menschlich und können jedem passieren. Über manche kann man lachen, über andere muss man weinen. Per definitionem ist jedoch jeder Fehler vermeidbar. Auch wenn es ein Ding der Unmöglichkeit ist, immer alles perfekt und richtig zu machen, ist allein schon mit dem Versuch, weniger Fehler zu begehen, schon viel gewonnen. Die Versuchung ist natürlich groß, Kleinigkeiten als irrelevant abzutun und ihnen nicht genug Beachtung zu schenken. Sie werden einfach gerne vernachlässigt. Aber mal ganz ehrlich: Sehen Sie das genauso locker, wenn der Herzchirurg, der Ihren Ehemann operiert, der Steuerberater, der Ihre Steuererklärung macht, oder der Musiker, den Sie für die Hochzeit Ihrer Tochter engagiert haben, kleine Details auch für vernachlässigbar hält?

Werden Kleinigkeiten übersehen, kann das manchmal böse enden. Diese Lektion musste auch die US-amerikanische Luftwaffe lernen, nachdem ein Tarnkappenflugzeug bei einer Flugshow in Baltimore abstürzte, weil man vier kleine Schrauben an einer Tragfläche vergessen hatte. Zum Glück kamen weder Zuschauer noch der Pilot zu

Schaden, der sich über den Schleudersitz retten konnte, die F-117 Nighthawk im Wert von 42 Millionen US-Dollar aber war ein Totalschaden.

Vor einigen Jahren sorgte eine vergessene Kleinigkeit in Robins häuslichem »Luftraum« für eine höchst unangenehme und übelriechende Überraschung. Kurz vor ihrem Urlaub streikte plötzlich ihr Kühlschrank:

Eine Woche vor meinem Urlaub ging mein Kühlschrank kaputt. Der Monteur vom Kundendienst kam vorbei, wackelte an ein paar Drähten herum und brachte den Kühlschrank wieder zum Laufen. Er wies mich darauf hin, dass das Problem damit nur behelfsmäßig gelöst war und er ein Ersatzteil bestellen musste, um den Kühlschrank sachgemäß zu reparieren. Ich sollte in den nächsten Tagen unbedingt noch einen zweiten Termin mit ihm vereinbaren, damit er das Ersatzteil einbauen konnte. In der üblichen Vorurlaubshektik habe ich dann glatt vergessen, den Monteur anzurufen. Wir entschwanden in den Urlaub. Als wir zurückkamen und die Haustüre öffneten, schlug uns bestialischer Verwesungsgestank entgegen. Der Kühlschrank hatte offenbar kurz nach unserer Abreise endgültig den Geist aufgegeben. Sämtliche Lebensmittel, unter anderem tiefgefrorene Hühnerbrüste und Hackfleisch, waren während unserer Urlaubswochen vergammelt. Seitdem ist mir klar, weshalb die Tatortermittler im Fernsehen prinzipiell Mundschutz tragen, wenn sie bei einem Mordfall nach Spuren suchen. Der durchdringende Gestank hatte sich im gesamten Erdgeschoss festgesetzt. Das Ganze kam uns ziemlich teuer zu stehen. Wir mussten den »Kühlschrank des Grauens« entsorgen lassen, einen neuen kaufen und das gesamte Haus professionell reinigen und desinfizieren lassen, um den widerlichen Gestank wieder loszuwerden, an den ich mich noch heute viel zu lebhaft erinnern kann. Was ursprünglich mit einem Ersatzteil für rund 100 Dollar erledigt gewesen wäre, ging nun in die Tausende.

Das ABC der Gewissenhaftigkeit

Sie können sich inzwischen vermutlich vorstellen, mit welcher geradezu peniblen Gewissenhaftigkeit wir beide bei KTG darauf achten, dass auf Rechnungen die Kommastellen überprüft werden – und dass jeder noch so kurze Text gegengelesen wird, bevor er in den Druck geht, wir ihn veröffentlichen oder per E-Mail an Kunden versenden. Es mag Ihnen vielleicht übertrieben pedantisch erscheinen, so viel Aufwand wegen eines möglichen Tippfehlers zu betreiben, wo es doch immer weitaus dringlichere und wichtigere Dinge zu erledigen gibt. Aber vielleicht haben auch Sie sich schon einmal darüber geärgert, dass man Ihren Namen falsch geschrieben, Ihren Titel unterschlagen oder Sie auf einer Veranstaltung oder Feier unter einem falschen Namen vorgestellt hat. Es ist nur eine Kleinigkeit, ja, aber eine, in der eine verletzende Botschaft mitschwingt: Sie sind so unbedeutend, dass man sich noch nicht einmal Ihren Namen merkt. Und diese Botschaft vergisst derjenige, der sie empfängt, bestimmt nicht so schnell wieder, oder?

Dass sogar ein einziger falsch geschriebener Buchstabe der Karriere im Weg stehen kann, weiß Linda seit ihrer Collegezeit:

In meinem letzten Jahr am College hatte ich einen Freund namens Paul. Paul wollte Medizin studieren und hatte sich bei einer ganzen Reihe namhafter Universitäten um einen Studienplatz beworben. Dank bester Noten in sämtlichen Fächern ging Paul davon aus, dass er jede Menge Zusagen und freie Auswahl haben würde, doch dann flatterte ihm eine Absage nach der anderen ins Haus. Der zunehmend frustrierte Paul stand vor einem Rätsel. Er hatte alle Anträge ordnungsgemäß ausgefüllt, exzellente Referenzen beigelegt und wochenlang an der von jeder Universität geforderten Begründung gefeilt, in der er erklärte, weshalb er unbedingt Medizin studieren wollte.

Erst nachdem ihm auch noch die letzte seiner Wunschuniversitäten eine Abfuhr erteilt hatte, ließ mich Paul seine Begründung lesen. Und da entdeckte ich den kleinen Fehler, der ihm seinen Studientraum so gründlich verhagelt hatte. Ausgerechnet beim Wort »Medizin« hatte er sich vertippt und »M-e-d-e-z-i-n« geschrieben. Paul hatte gerade noch Zeit, sich bei einer weiteren Universität zu bewerben, und die nahm ihn auch sofort an. Pauls Karri-

eretraum wäre beinahe an einem falsch geschriebenen
Buchstaben gescheitert. Aber ich bin mir sicher, dass er
sich für die Rettung seiner Karriere bis heute schon bei
unzähligen Patienten durch Gewissenhaftigkeit und Acht-
samkeit für Details revanchiert hat.

Wir haben in der Hektik des Arbeitsalltags beständig eine
dringende Aufgabe nach der anderen zu erledigen. Da fällt
es natürlich schwer, auch noch den unzähligen Details die
gebührende Aufmerksamkeit zu schenken. Bedenkt man
aber, dass heutzutage ein einziger Mausklick ausreicht,
um viel Geld oder große Gefühle durch den Cyberspace
zu jagen, gewinnt die Achtsamkeit für Details immens an
Bedeutung. Dass an sich harmlose Kleinigkeiten unver-
hältnismäßig schwerwiegende Konsequenzen nach sich
ziehen, ist ein Phänomen, das der Medienexperte und Autor Michael Levine mit der »Broken-Windows-Theory«
beschreibt, der Theorie des zerbrochenen Fensters. Kleinigkeiten – wie die, ein zerbrochenes Fenster zu reparieren
– werden vernachlässigt, und ehe man sich versieht, ver-
wahrlost das gesamte Viertel. Die Präventivmaßnahme?
Höchste Achtsamkeit! »Wenn Ihnen auffällt, dass der
Teppich im Wartezimmer Ihres Zahnarztes abgetreten
und fadenscheinig aussieht, fragen Sie sich vielleicht, ob
er nicht nur an einem neuen Teppich, sondern womöglich
auch an neuen Instrumenten spart«, schreibt Levine in
seinem Buch *Broken Windows, Broken Business*. Vor allem in der Geschäftswelt dürfen Äußerlichkeiten nicht

unterschätzt werden, denn sie werden von (potenziellen) Kunden zuallererst wahrgenommen. Und der erste Eindruck, den Kunden und Geschäftspartner von einem Unternehmen gewinnen, entscheidet maßgeblich darüber, ob die Geschäftsbeziehung erfolgreich verläuft oder scheitert. Ein einziger Fehler, ein unfreundlicher Mitarbeiter, eine negative Erfahrung reichen aus, um dem Kunden einen bleibenden schlechten Eindruck zu vermitteln. Und das kann katastrophale Konsequenzen nach sich ziehen.

Von kleinen Missverständnissen und ihren Folgen

In der Werbebranche kursieren unzählige Anekdoten über Pleiten, Pech und Pannen verschiedenster Art, und die peinlichsten Schnitzer werden natürlich genüsslich in allen Einzelheiten auf einschlägigen Internetseiten ausgebreitet. In Mexiko sollte in einer Werbeanzeige für einen neuen Kugelschreiber der Marke Parker damit geworben werden, dass das Schreibgerät garantiert nicht ausläuft und seinen Besitzer nicht durch Flecken auf dem Hemd *in Verlegenheit bringt* (was in der englischen Originalanzeige mit dem Verb »embarrass« ausgedrückt wurde). In der spanischen Werbeanzeige wurde dafür versehentlich das Verb »embarazar« verwendet. Sieht ähnlich aus wie »embarrass«, klingt auch ähnlich, bedeutet aber etwas anderes, nämlich *schwängern*. Und so wurde den Verbrauchern in Mexiko versichert, sie könnten von diesem auslaufsicheren Kugelschreiber ganz bestimmt nicht schwanger werden. Wie peinlich! In Brasilien geriet der Autobauer Ford mit dem Modell Pinto in große Verlegenheit und ebenso große Absatzschwierigkeiten, weil man sich nicht darüber informiert hatte, dass »Pinto« umgangsprachlich ein Schimpfwort ist und unter anderem einen (zu kleinen) Penis bezeichnet! Immer wieder gerne erinnern wir uns auch an den kleinen Übersetzungsfehler, der einem guten Bekannten in seiner Präsentation in Paris vor den Topmanagern eines Cerealienherstellers unterlief. Die Frühstücksflocken, so stand es in seiner Präsentation geschrieben, enthielten keinerlei Präservative (auf Französisch: »sans preservatifs«). Unser Bekannter hatte leichtsinnigerweise das englische Wort für Konservierungsmittel, »preservatives«, einfach ins Französische übertragen.

Zu den wohl bekanntesten Schnitzern in den Annalen des US-amerikanischen Pressewesens zählt ein Missgeschick aus dem Jahr 1933. Damals übermittelte die US-amerikanische Nachrichtenagentur Associated Press aktuelle Meldungen und neueste Neuigkeiten noch über Fernschreiber an die Zeitungsverlage. Zu den von Herausgebern und Setzern am meisten gefürchteten Meldungen gehörten brandaktuelle Sportergebnisse.

Am Tag des Missgeschicks saß in der Kleinstadt Walsenburg, Colorado, ein neuer Mitarbeiter im Verlagsbüro der *World-Independent Newspaper* vor dem Fernschreiber. Er war schrecklich nervös, da an diesem Tag das Autorennen Indy 500 ausgetragen wurde und er das Rennergebnis brauchte, bevor die Zeitung in Druck ging. Das Rennen wurde nicht im Radio übertragen, und das Fernsehen steckte damals noch in der Entwicklungsphase. Die größte Angst des Neulings war, dass die Nachrichtenagentur das Rennergebnis nicht rechtzeitig vor Redaktionsschluss durchgeben würde. Deshalb hatte ihm Associated Press angeboten, der Sportreporter könnte es ihm sofort nach dem Rennen telegrafieren. Dieser Vorschlag ging bei dem Verlagsmitarbeiter ebenfalls per Funkschreiber ein und lautete:

WILL OVERHEAD WINNER OF INDY 500 (was bedeutet: Werden den Gewinner des Indy 500 vorab an Sie telegrafieren).

Überglücklich und erleichtert über diese Nachricht wies der Mann den Setzer an, schon einmal folgende Schlagzeile zu setzen:

OVERHEAD WINS INDIANAPOLIS RACE (was bedeutet: Overhead gewinnt das Rennen von Indianapolis).

Mit viel Fantasie verfasste er aus den dürftigen Fakten flugs einen Artikel, in dem er beschrieb, wie der bislang im Autorennsport gänzlich unbekannte Rennfahrer Will Overhead urplötzlich die Führung übernommen und völlig überraschend das berühmte Rennen gewonnen hatte.

Dieser Schnitzer schrieb Zeitungsgeschichte und dient

seit Jahrzehnten unzähligen Journalisten als lehrreiche Lektion. Die Kleinstadt Walsenburg nahm die Panne nicht nur mit Humor, sondern schlachtete sie sogar gewinnbringend aus. Jedes Jahr wird der Will-Overhead-Tag mit einer großen Parade zelebriert.

Humor bewies auch die Nachrichtenagentur Associated Press mit einer Meldung, die sie im Jahr darauf, 1934, an die Zeitungsverlage telegrafierte:

ANMERKUNG DER REDAKTION: WILL OVERHEAD NIMMT NICHT AM KENTUCKY DERBY TEIL

Es ist manchmal das Beste, eine solche Panne wenigstens mit Humor zu nehmen und über sich selbst zu lachen. So kann man die Situation oft retten. Auch wenn Pleiten, Pech und Pannen immer aus Versehen passieren, sind es doch gerade die Missgeschicke und Ausrutscher, an die sich alle am längsten und lebhaftesten erinnern: ihre Kunden an das an der falschen Stelle gesetzte Komma in der Angebotssumme oder ganz Amerika und die halbe Welt an das – ebenso an der falschen Stelle gesetzte – Wort *getreulich* bei der Vereidigung von Barack Obama durch den Obersten Richter der Vereinigten Staaten, Chief Justice John Roberts. (Für den Obersten Richter wahrlich ein Patzer der oberster Klasse.)

»Idiotensicher« ist gar nicht idiotisch

Der beste Schutz vor Peinlichkeiten im Arbeitsalltag ist ein starkes Team, dessen Mitglieder sich ihrer Verantwortung und Rechenschaftspflicht bewusst sind. Wie Sie an pflichtbewusste, verantwortungsvolle Mitarbeiter kommen, wird Ihnen jeder beliebige Unternehmensberater für teures Geld sicherlich gerne erklären. Alternativ können Sie auch irgendeines der unzähligen dicken Bücher zu diesem Thema lesen. Oder Sie nehmen sich einfach ein Beispiel an dem geradezu unverschämt erfolgreichen Internet-Schuhhändler Zappos, der eine fast hundertprozentig idiotensichere Möglichkeit entdeckt hat, wie man in der Belegschaft die Spreu vom Weizen trennt: Zappos bezahlt neue Mitarbeiter doch tatsächlich dafür, dass sie wieder kündigen. Alle neu eingestellten Mitarbeiter durchlaufen ein vierwöchiges Schulungsprogramm, und nach der ersten Woche bietet Zappos jedem, der lieber wieder kündigen möchte, eine einmalige Sonderzahlung von 1 000 US-Dollar an. Zugegeben, auf den ersten Blick ist das eine recht seltsame Strategie des Zappos-Chefs Tony Hsieh. Dahinter steckt aber eine sinnvolle Überlegung: Diejenigen, die das Angebot annehmen, legen ganz offensichtlich nicht die Leistungsbereitschaft und die Motivation an den Tag, die Zappos von seinen Mitarbeitern erwartet. Daher lohnt es sich langfristig gesehen für das Unternehmen, sich für 1 000 Dollar möglichst schnell wieder von ungeeigneten Mitarbeitern zu trennen, bevor sie größeren Schaden anrichten. Das ist also eigentlich doch keine seltsame, sondern eine sehr kreative Strategie, um den guten Ruf des Unternehmens und seine Unternehmenskultur kosteneffizient vor Schäden zu bewahren.

Manchmal allerdings ist man so damit beschäftigt, grobe Fehler und Riesenpatzer zu vermeiden, dass man dabei glatt das Kleingedruckte übersieht. Und das warnt uns womöglich vor der größten Gefahr für Leib und Leben, wie wir vom Rockstar und Gründer der Band Kiss, Gene Simmons, erfuhren. Während seiner Bühnenkarriere gab es eine Phase, in der er gerne mit Feuer spielte. Feuerspucken gehörte zu jeder Show, und dabei gibt es natürlich so viel zu beachten, dass Simmons einmal gar nicht auf die Idee kam, das Kleingedruckte auf der Dose Haarspray zu lesen, mit dem er seine wilde Haarpracht einsprühte. »Ich trat in voller Kiss-Montur aus dem Nebel auf die Bühne, in der Hand ein brennendes Schwert und den Mund voller Ethanol. In der Mitte der Bühne spuckte ich das Ethanol auf die Flamme, und ein gewaltiger Feuerball schoss aus meinem Mund. Die Fans schrien vor Begeisterung. In diesem Moment roch ich, das irgendetwas brannte.« Nun, es brannte nicht »irgendetwas«, sondern seine Haare, in denen jede Menge leicht entflammbares Haarspray klebte. »Klar stand da ein Warnhinweis auf der Dose, aber hätten die nicht ganz groß draufschreiben können: ›Gene, es ist toll, dass du für Kiss durchs Feuer gehst, und es ist großartig, dass du gleich Feuer spucken wirst, aber genau deshalb darfst du jetzt kein Haarspray verwenden!‹ Offensichtlich muss jeder für sich selbst herausfinden, welche Regeln und Warnhinweise er in seinem Leben beachten muss. Das gilt im Beruf ebenso wie in allen anderen Bereichen.«

Das vermutlich zuverlässigste Alarmsystem, das uns rechtzeitig vor einem drohenden Unheil warnt, ist aber immer noch die eigene Intuition. Wer auf seine innere Stimme hört, kann die meisten kleinen und großen Missgeschicke vermeiden.

Robin erinnert sich noch gut an ein Vorstellungsgespräch mit einer hoch qualifizierten Kandidatin, die sich um eine Führungsposition in unserer Agentur bewarb. Die Bewerberin hatte hervorragende Referenzen und die richtigen Antworten auf die üblichen Fragen parat. Alles schien perfekt. Aber, so Robin: »Irgendwie war sie übermotiviert, ein bisschen zu enthusiastisch, und das lag sicher nicht nur an der üblichen Nervosität bei einem Bewerbungsgespräch. Mir kam es jedenfalls ein bisschen merkwürdig vor. Ich entschuldigte mich für einen Moment, ging zu Linda und bat sie, ein paar Takte mit der Bewerberin zu plaudern. Ich blieb derweil in Lindas Büro. Als Linda wieder zurückkam, zog sie die Tür hinter sich zu und verkündete ihr Urteil: ›Sie ist verrückt‹. Ich schloss mich ihrem Urteil an.« Wir wissen bis heute nicht, ob die Bewerberin zu viel Kaffee oder zu wenig Beruhigungsmittel intus hatte. Auf alle Fälle entschieden wir uns für eine andere Kandidatin, und was wir später von anderen Firmen über unsere Beinahe-Mitarbeiterin erfuhren, bestätigte uns darin, dass uns unser Gefühl nicht getäuscht hatte.

Hundertprozentige Perfektion ist natürlich ein viel zu hoher und unrealistischer Anspruch, dem kein Mensch gerecht werden kann. Und eigentlich erscheinen Menschen, die sich immer unfehlbar und unverwundbar geben, ja auch gar nicht so menschlich und liebenswert – ganz anders als diejenigen, die zu ihren kleinen Schwächen und wunden Punkten stehen. Im zunehmend härteren Wettbewerb steigt jedoch auch die Angst davor, sich vor der Konkurrenz eine Blöße zu geben. Nur keine Schwäche zeigen, was nicht passt, wird passend gemacht, Hauptsache, der Schein wird gewahrt. Auch Wissenslücken gelten als Makel und müssen angeblich immer geschickt überspielt werden. Manchmal sind offen eingestandene Wissenslücken aber kein Nachteil, sondern der Beweis innerer Stärke.

Es gibt keine dummen Fragen

Unmittelbar nach dem Abschluss seines Studiums an der Universität Michigan hatte Randall Tallerico bereits einen aussichtsreichen Job bei Robert Solomon and Associates erhalten, einer der Topwerbeagenturen Detroits.

Seine erste Arbeitswoche war noch nicht ganz um, als ihn die Kreativdirektorin Kathleen Hay in ihr Büro zitierte. Kathleen saß an ihrem Schreibtisch – gebieterisch, schön und unnahbar, in der einen Hand eine Tasse Kaffee, in der anderen eine Zigarette, den Telefonhörer zwischen Ohr und Schulter geklemmt, während sie gleichzeitig den diversen Leuten, die unablässig in ihr Büro kamen, Anweisungen erteilte.

Zögernd trat Randall näher. Er kam sich vor wie ein Schuljunge, der vor die Rektorin zitiert worden war. Ohne ihr Telefonat zu unterbrechen, streckte ihm Kathleen ein Blatt Papier entgegen. Randalls Augen weiteten sich: seine erste Aufgabe, direkt von der Chefin!

»Schlep this to production«, wies sie ihn an, was auf Deutsch schlicht »Bringen Sie das bitte in die Produktion« bedeutet.

Und damit überreichte sie Randall das Layout für eine Anzeige. Als Sohn eines Farmers aus dem Mittleren Westen, der keinen Schimmer von jiddischen Begriffen und Redensarten hatte, hätte Randall einen *Latke* nicht einmal dann von einem *Kugel* unterscheiden können, wenn der Kartoffelpfannkuchen und der Nudelauflauf direkt vor seiner Nase gelegen wären. Er hatte nicht den Hauch einer Ahnung, was *schlep* bedeuten sollte und hoffte inständig auf weitere Anweisungen, doch Kathleen hatte sich bereits wieder anderen Dingen zugewendet. Was blieb ihm also anderes übrig, als sich mit einem höflichen »Jawohl, wird gemacht« zu verabschieden und den Rückzug anzutreten. Zurück an seinem Schreibtisch brach ihm der kalte Schweiß aus. Seine erste Aufgabe, und so ein *Schlamassel*!

»Vielleicht heißt *schlep* einfach *kopieren*«, überlegte er. »Oder womöglich *verkleinern*?« Nein, so kam er nicht weiter. Wenn *schlep* ein Fachbegriff aus dem Marketing war, müsste er ja in einem seiner Fachbücher zu finden sein. Aber nein, weder in der Marketing- noch in der Werbeliteratur wurde der Begriff erwähnt. Einen Kollegen wollte Randall nicht fragen, denn dann wüssten bald alle, wie unerfahren er noch war. Und Google gab es damals leider noch nicht.

Wie würde es seine anspruchsvolle Chefin wohl aufnehmen, wenn er ihr gestand, dass er keine Ahnung hatte, was sie von ihm erwartete? Nicht gut, vermutlich. Sie würde ihn feuern.

Frustriert verabschiedete sich Randall in Gedanken von seiner Karriere als Marketingprofi. Notfalls konnte er ja immer noch Jura studieren.

Nachdem er zwei Stunden Trübsal geblasen hatte, raffte Randall sich auf, das Unvermeidliche hinter sich zu bringen. Auf das Schlimmste gefasst, marschierte er direkt in Kathleens Büro, in dem gerade dicke Luft herrschte – nicht nur wegen des Zigarettenqualms, sondern auch wegen der hitzigen Wortgefechte, die sich einige Marketingleiter wegen einer Kundenpräsentation lieferten.

Randall räusperte sich.

»Entschuldigungen Sie bitte.«

Keine Reaktion.

»Entschuldigung …«

»Was wollen Sie denn schon wieder hier?«, blaffte ihn

die Kreativdirektorin an, als sie den jungen Mann endlich bemerkte, der sie mit großen Augen durch seine noch größere Hornbrille nervös anblinzelte.

»Ja, also, hm, ich äh, ich habe keine Ahnung, was *schlep* bedeuten soll.«

Wie Randall befürchtet hatte, lachte seine Chefin lauthals los. Sie brach vor Lachen regelrecht zusammen und musste sogar ihre Tasse abstellen, um den Kaffee nicht zu verschütten. Mit Lachtränen in den Augen rief sie Robert Solomon, den Chef der Agentur, an, um ihm – wie Randall vermutete – mitzuteilen, dass der neue Mitarbeiter ein unfähiger Volltrottel war. Und zu Randalls unendlichem Entsetzen kam kurz darauf Solomon höchstpersönlich zu Kathleens Bürotür herein.

Das war es dann wohl, dachte Randall.

»Robert«, verkündete Kathleen, »unser Neuer weiß nicht, was *schlep* bedeutet.«

Als auch Robert Solomon daraufhin von einem heftigen Lachkrampf geschüttelt wurde, wäre Randall mitsamt seinem schicken neuen Anzug am liebsten im Boden versunken.

»Ach, Kleiner,« seufzte Kathleen, nachdem sie sich endlich wieder beruhigt hatte. »*Schlep* heißt einfach *bringen*. Ich bat Sie nur darum, das Layout in die Produktion zu bringen. Und Sie werden hier bei uns ganz sicher viel erfolg haben. Wir brauchen Leute wie Sie. Leute, die keine Angst haben nachzufragen, wenn irgendetwas nicht klar ist.«

Randall brachte es tatsächlich weit. Er wurde schon bald befördert, und zusätzlich zu einer Gehaltserhöhung erhielt er noch ein kleines Geschenk vom großen Boss: ein Buch mit dem Titel *Jiddisch für Anfänger*.

So beschämend es für Randall auch war, so lernte er an jenem Tag dennoch eine wichtige Lektion für sein weiteres (Arbeits-)Leben. In einer für ihn scheinbar aussichtslosen Situation gewann er die Sympathie und Wertschätzung seiner Vorgesetzten, indem er ihnen zeigte, dass er Wissenslücken offen zugeben konnte und dass er über genügend Mut und gesunden Menschenverstand verfügte, um sie durch Nachfragen zu füllen. Und genau dadurch unterschied er sich wohltuend von der großen Mehrheit der übrigen Mitarbeiter.

Fragen zu stellen, ganz gleich, wie dumm oder lächerlich sie zu sein scheinen, ist das Klügste, was man tun kann, um Probleme gar nicht erst aufkommen zu lassen. Unwissenheit ist keine Schande. Oder wie es in einem chinesischen Sprichwort so schön heißt: Wer fragt, ist ein Narr für fünf Minuten. Wer nicht fragt, bleibt ein Narr für immer.

Wenn Sie aus falsch verstandenem Stolz heraus nicht um Hilfe bitten, ist das eine riskante Sache. Oft ist einfach ein weiteres Paar Augen und Ohren nötig, um die vielen kleinen Stolpersteine und Fallstricke im Arbeitsalltag umgehen zu können, die jedes noch so ausgeklügelte Vorhaben (und die Arbeit vieler Wochen) im Nu wieder zunichte machen können. Jeder – vom obersten Chef bis zum

Auszubildenden – ist auf die Hilfe und Unterstützung anderer Menschen angewiesen.

Die Psychologin, Professorin und Autorin Carol Dweck beschäftigte sich zwei Jahrzehnte lang intensiv mit der Frage, weshalb es gleichermaßen begabten und intelligenten Menschen nicht auch gleichermaßen gut gelingt, ihr Potenzial voll zu entfalten. Ihre Untersuchungen ergaben, dass nicht die Begabung, sondern die Selbstwahrnehmung darüber entscheidet, wie gut ein Mensch sein Potenzial entfaltet. In ihrem Buch *Selbstbild: Wie unser Denken Erfolge oder Niederlagen bewirkt* unterscheidet Dweck Menschen mit einem statischen und mit einem dynamischen Selbstbild voneinander. Die erste Gruppe glaubt ,ihre Talente wären etwas Unveränderliches, über das man entweder von Geburt an verfügt oder eben nie. Aus dieser Sicht ist das ganze Leben eine einzige Prüfung, in der es nur darum geht, möglichst klug und begabt zu erscheinen, koste es, was es wolle. Wer so denkt, lässt sich von seiner Angst vor Fehlern lähmen. Für Menschen mit einem dynamischen Selbstbild dagegen sind der Entfaltung ihres Potenzials keinerlei Grenzen gesetzt. Sie betrachten Talente als etwas, das es zu verfeinern und auszubauen gilt. Wer so denkt, betrachtet Fehler als Chance, etwas zu lernen und sich weiterzuentwickeln.

Was zählt, ist das Hier und Jetzt

Jeder Mensch fällt im Laufe seines Lebens immer wieder einmal auf die Nase – oder den Po. Als begeisterte Eiskunstläuferin weiß Robin, dass sich gelegentliche Niederlagen im wahrsten Sinn des Wortes einfach nicht vermeiden lassen. Sie weiß aber auch, dass die eigentliche Herausforderung – die Kunst, die einen wahren Meister auszeichnet – darin besteht, so schnell und elegant wie möglich wieder auf die Beine zu kommen.

Jedem Eiskunstläufer wird wieder und wieder eingetrichtert: »Zieh' deine Kür durch.« Und das gilt für einen Eiskunstläufer, der während einer Live-Übertragung im Fernsehen den Boden unter den Füßen verliert, ebenso wie am Arbeitsplatz. Ob man nun vor Millionen von Fernsehzuschauern oder »nur« vor dem Chef auf die Nase fällt, das Wichtigste ist, sich sofort wieder zu sammeln und den Faden wieder aufzunehmen. Was zählt, ist das Hier und Jetzt. Was passiert ist, lässt sich sowieso nicht ungeschehen machen. Daher sollte man gar nicht weiter darüber nachdenken, sondern sich stattdessen ganz auf den nächsten Schritt konzentrieren. Eiskunstläufer lernen, jeden Sprung, jede Drehung oder Figur, die sie vollendet haben, gedanklich abzuhaken, denn egal, ob perfekt oder nicht, rückgängig machen lässt sich ja sowieso nichts mehr. Die erste Lektion, die schon die kleinsten Eisprinzessinnen lernen, lautet: Auch wenn du nach einer Figur unsicher oder sogar auf dem Hinterteil landest, nimmst du trotzdem die richtige Endhaltung ein und sagst dir: »Vorbei ist vorbei, weiter im Programm.« Beim Eiskunstlauf müssen sich Körper und Geist des Sportlers immer im Hier und Jetzt befinden und eine Einheit bilden.

In jedem Augenblick ganz bei sich zu sein – sich in aller Deutlichkeit bewusst zu machen, was gerade geschieht – ist in manchen Situationen eine Selbstverständlichkeit, zum Beispiel wenn man als Mutter mit einem Kleinkind ins Schwimmbad geht. In Situationen, in denen keine potenzielle Lebensgefahr besteht, ist dazu jedoch eine bewusste Anstrengung erforderlich. Das muss man lernen und üben, immer wieder. Wir bei KTG bestehen darauf, dass eine Präsentation solange geübt wird, bis die jeweiligen Mitarbeiter sie aus dem Effeff beherrschen. Wir tun das, damit sie bei der Präsentation vor dem Kunden in jedem Augenblick konzentriert und präsent sein können. Wie ein Fernsehspot muss auch eine Präsentation perfekt koordiniert und in Szene gesetzt werden: Wer steht auf welcher Position, wer gibt das Stichwort für den Ton, wer führt Regie, und wer spricht welchen Text? Nur wenn man die Inszenierung gewissenhaft probt, lassen sich die vielen kleinen Stolpersteine aus dem Weg räumen, die die Show verpatzen können. Dann lässt sich auch das Timing perfektionieren, und man kann die eine oder andere scherzhafte Bemerkung an der richtigen Stelle platzieren. Je häufiger man die Präsentation übt, umso professioneller wird sie.

Vor einer wichtigen Präsentation für Revlon legten wir wieder einmal eine unserer üblichen Nachtschichten für die Generalprobe ein. Angefangen von Eyeliner und Wimperntusche bis hin zu den Stühlen, die wir in Sitzreihen wie in einem Flugzeug arrangierten, mussten wir bei der Präsentation mit über 100 Requisiten jonglieren. Unser Auftritt war sekundengenau choreografiert, und unsere Probe zog sich über Stunden hin. Spät am Abend schaute unsere Reinigungskraft herein und stellte uns angesichts des Durcheinanders aus leeren Pizzaschachteln und Chipstüten vor die Wahl: Entweder wir räumten jetzt sofort das Feld, damit sie staubsaugen konnte, oder wir könnten unsere Präsentation morgen in einem Raum abhalten, der ähnlich streng roch wie ein Raubtierkäfig. Da die Nacht sowieso sehr kurz werden würde, packten wir ein. Am nächsten Tag wurden wir für unsere Mühe belohnt. Dank unserer Detailversessenheit in der Probe gelang uns eine absolut fehler- und reibungslose Präsentation, mit der wir den Kunden überzeugten. Mit detaillierten, intensiven Generalproben wird der Erfolg des entscheidenden Auftritts vorprogrammiert, ganz gleich, ob Sie sich auf eine Verabredung mit einem lieben Menschen oder auf ein Verkaufsgespräch vorbereiten. Wenn man sich klar macht und übt, welche Botschaft auf welche Weise vermittelt werden soll, lassen sich Argumente und Aussagen wesentlich eindeutiger und verständlicher an den Mann oder die Frau bringen – ob nun ein Gespräch mit dem Lehrer des Sprösslings oder eine Präsentation vor Kollegen oder Führungskräften ansteht. Selbst für die kleinste Nebenrolle ist fleißiges Üben obligatorisch, denn schon der winzigste Fehler kann die ganze Produktion ruinieren. Wie wahr das ist, hat sich für uns an einem – für uns als Kinder der Bronx recht ungewöhnlichen – Ort bestätigt: auf dem Mount Everest.

Ist die Ausrüstung komplett?

Als Jamie Clarke einen Werbevertrag mit dem Sportartikelhersteller Champion, einem unserer Kunden, unterzeichnete, waren wir begeistert. Wir würden die Gelegenheit haben, mit dem berühmten kanadischen Bergsteiger einen Werbespot zu drehen! Clarke hat die sieben höchsten Berge der Welt bezwungen, darunter auch den Mount Everest (und den sogar schon zweimal). Seine Expeditionscheckliste ist in etwa so dick wie das Telefonbuch einer Millionenstadt, und jeder Expeditionsteilnehmer ist für 500 und mehr Dinge verantwortlich. »Es sind immer die Kleinigkeiten, die sich aufblähen, alles unnötig kompliziert machen oder etwas schief laufen lassen«, sagt Clarke.

So stellten er und sein Partner bei einer Trekkingtour auf der kanadischen Seite der Rocky Mountains einmal nach 14 Stunden fest, dass sie vergessen hatten, ein Feuerzeug mitzunehmen. Ein simples, spottbilliges Feuerzeug, um den Gaskocher anzuzünden. Ein funktionierender Gaskocher war die einzige Möglichkeit, um Schnee zu schmelzen und Trinkwasser zu gewinnen, von dem Extremsportler bei körperlicher Anstrengung in diesen Höhen sehr viel benötigen. Der Körper dehydriert unter solchen extremen Bedingungen schnell, was tödlich endet, wenn ihm kein Wasser zugeführt wird. Clarke und sein Partner mussten umkehren. »Ein vergessenes oder verlorenes Teil der Ausrüstung, und sei es nur ein Billigfeuerzeug, kann Menschenleben kosten.«

Auch wenn Sie vielleicht darauf verzichten können, mit Yaks, Sherpas und einer Seilschaft auf einen der höchsten Berge der Welt zu klettern, lässt sich die Lektion für Gipfelstürmer auch auf das ganz normale Leben übertragen. Wie beim Erklimmen von Gipfeln können Spitzenleistungen auch beim Erklimmen der Karriereleiter nur erbracht werden, wenn man jedes noch so kleine Detail berücksichtigt, das Vorhaben sorgfältig plant und vorbereit und sich auf jeden einzelnen Schritt konzentriert. Probieren Sie es aus. Sie werden staunen, wie weit Sie damit kommen.

Mit kleinen Schritten weit kommen

Nehmen Sie es ganz genau. Überprüfen Sie jedes berufliche oder private Anschreiben oder Dokument lieber einmal zu viel als einmal zu wenig. Verlassen Sie sich nicht auf die Rechtschreibprüfung Ihrer Software. Gehen Sie nie davon aus, dass irgendetwas oder irgendjemand Ihre Fehlerchen schon ausbügeln wird. Lesen Sie Ihren Vortrag, Ihren Bericht oder Ihr Anschreiben laut vor. Das ist die sicherste Methode, um Fehler zu entdecken.

Fragen Sie sich, wie gut Sie wirklich Bescheid wissen. Wenn Ihnen das nächste Mal eine neue Aufgabe oder ein neues Projekt übertragen wird, notieren Sie sich fünf Fragen, die Ihnen spontan dazu einfallen. Können Sie jede einzelne dieser Fragen umfassend und zufriedenstellend beantworten? Erstellen Sie einen Spickzettel mit den Namen, Telefonnummern und E-Mail-Adressen von Ansprechpartnern und Auskunftspersonen, bevor Sie sich richtig in die Arbeit stürzen. Bewahren Sie diesen Spickzettel immer in Reichweite auf.

Teilen Sie Ihr Wissen und Ihre Erfahrungen mit anderen. Jeder lernt aus seinen Fehlern, aber auch aus den Fehlern anderer. Gute Führungskräfte verfügen über genügend Selbstvertrauen und Sicherheit, um ihren Mitarbeitern gegenüber Fehler einzugestehen und die daraus gelernten Lektionen mit ihnen zu teilen. Geben Sie Ihren Mitarbeitern klar und unmissverständlich zu verstehen, dass Sie von ihnen keine hundertprozentige Perfektion, aber Zuverlässigkeit und Verantwortlichkeit verlangen. Und wenn einem Ihrer Kollegen oder Mitarbeiter einmal ein Fehler unterläuft, können Sie ihm vielleicht helfen. Erzählen Sie ihm doch, welche Schnitzer Sie sich schon im Laufe Ihrer Karriere geleistet haben und was Sie daraus gelernt haben.

Kapitel 8
Mit kleinen Geistesblitzen groß rauskommen

Die wirkliche Entdeckungsreise besteht nicht darin,
neue Landschaften zu erforschen, sondern darin,
mit neuen Augen zu sehen.

Marcel Proust

Oft heißt es ja, man müsse den Blickwinkel erweitern und immer das große Ganze im Blick behalten, sonst sähe man den Wald vor lauter Bäumen nicht mehr. Dennoch kann es ein unbedeutend erscheinendes, leicht zu übersehendes Puzzleteil des großen Gesamtbildes sein, das zu den besten und innovativsten Geschäftsideen inspiriert.

Nach ihrer Scheidung hatte die 52-jährige Carol Gardner keinen Job, kein Einkommen und keine Perspektive, da ihr eine Immobilienanlage kein Plus, sondern Schulden in Höhe von über einer Million US-Dollar eingebracht hatte. Verständlicherweise war sie deprimiert. »Meine Anwältin konnte nichts für mich tun und witzelte, ich solle mir einen Therapeuten oder einen Hund zulegen«, erinnert sie sich. Diese scherzhafte Bemerkung war gar nicht so abwegig, fand Carol. »Ich sehnte mich nach Liebe und wollte wieder Freude am Leben haben.« Beides konnte ein Hund ihr geben, ohne dass sie einen Antrag auf Kostenübernahme bei der Krankenkasse einreichen musste. Und

173

anders als ein Therapeut, der sie wieder hinauskomplimentieren würde, wenn die Sitzung vorüber war, würde ihr ein Hund immer treu zur Seite stehen.

Bulldoggen waren schon immer Gardners Lieblingshunde gewesen. Als sie von einem Paar hörte, das einen vier Monate alten Welpen namens Zelda abgeben wollte, weil es kein Interesse an der Hundezucht mehr hatte, machte sich Carol auf den Weg, um sich den jungen Hund anzusehen. »Ich sah der Kleinen in die Augen, und in ihnen spiegelte sich dieselbe Sehnsucht nach Liebe wider, die mir die Seele zerriss. Wir brauchten einander.«

Was Gardner für ihre kleine Hundegefährtin jedoch vorerst viel dringender brauchte, waren große Mengen an Futter. Zufällig fand in der Tierhandlung in ihrem Viertel gerade ein vorweihnachtlicher Wettbewerb für die schönste Weihnachtskarte statt, bei dem es ein Jahr lang jeden Monat 40 Pfund Hundefutter zu gewinnen gab. »Weißt du was, Zelda? Wenn wir gewinnen, teilen wir schwesterlich. Mit viel Ketchup wird's mir schon auch schmecken«, scherzte Carol, zog Zelda eine Weihnachtszipfelmütze auf und setzte sie in die Badewanne, in die sie ein Schaumbad eingelassen hatte. Mit dem Schaum verpasste sie der Kleinen noch einen Rauschebart, dann schoss sie ein Foto von ihrem kleinen Weihnachtswelpen und fügte als Weihnachtsgruß den Spruch hinzu, »Zu Weihnachten habe ich meinen Mann gegen einen Hund eingetauscht … guter Tausch, oder?« Sie gewann den Wettbewerb und verschickte die Weihnachtskarte an alle Freunde und Bekannte, die die kleine Zelda – ihre Muse mit dem süßen Knautschgesicht – ebenso spontan ins Herz schlossen wie Gardner es getan hatte. Die Begeisterung, die ihre Weihnachtskarte in ihrem Freundeskreis auslöste, zeigte Gardner, »dass sich offenbar jeder auf die eine oder andere Weise von der kleinen Zelda berührt fühlte. Ein bisschen Zelda steckte wohl in uns allen«.

Der durchschlagende Erfolg ihrer Weihnachtskarte inspirierte Gardner zu einer Geschäftsidee. »Es war einer dieser spontanen Geistesblitze«, erinnert sie sich. Was spräche dagegen, originell beschriftete Grußkarten mit Fotos von Zelda zu entwerfen und zu verkaufen? Sie kundschaftete zunächst verschiedene Schreibwaren- und Kartenläden aus, um sich ein Bild von der Konkurrenz zu machen. Es gab praktisch keine. »Eine Postkartenserie mit immer demselben Hund als Motiv gab es noch nicht. Es wäre eine neue, wenn auch ziemlich riskante Geschäftsidee, aber auf alle Fälle wollte ich es versuchen.« Und was hat eine Frau, die mit einem siebenstelligen Betrag in der Kreide stand, schon noch zu verlieren?

Als ehemalige Kreativdirektorin einer Werbeagentur erkannte Gardner auf einen Blick, ob ein Fotomodell das gewisse Etwas hatte oder nicht. Zelda hatte es definitiv. Carol wandte sich an den besten Fotografen, den sie noch von früher kannte. Ob er einfach einmal ein paar Fotos von ihrem Hund schießen könnte? »Verstehe ich das richtig?«, erkundigte sich ihr Bekannter. »Ich soll vorbeikommen und einen verkleideten Hund fotografieren, aber bezahlen kannst du mich nicht?« »Genau so ist es«, bestätigte Gardner. »Vertrau mir einfach!«

Gardner konnte sehr überzeugend sein und überredete nicht nur den Fotografen dazu, die Fotos zu machen, sondern auch einen Drucker, ihr eine Zahlungsfrist von 90 Tagen zu gewähren, damit sie ihre erste Grußkartenserie drucken lassen konnte: Zelda in verschiedenen Posen und Verkleidungen und darunter ein frecher Spruch wie »Sind die Falten noch immer da? Mein Tipp: Trage einfach keinen BH!«. Carol taufte ihre Firma Zelda Wisdom (Zeldas Weisheit), und es dauerte nicht lange, bis Hallmark, der heute größte US-amerikanische Hersteller und Vertreiber von Grußkarten, auf die drolligen Karten aufmerksam wurde. Und so entstand aus einer Geschäftsidee, die eine finanziell ruinierte Frau aus der Not heraus entwickelt hatte, eine international erhältliche Produktserie, die nicht nur Grußkarten, sondern inzwischen auch Geschenkartikel, Kleidung, Schmuck und Ratgeber umfasst.

Zelda ist mittlerweile im Teenageralter und eine echte Diva, zu deren »Personal« auch zwei Zelda-Doubles gehören. Wenn Zelda auf Tour geht, reist sie erster Klasse und logiert in Luxushotels – alles vertraglich geregelt. Das Wichtigste, was Gardner durch Zelda gelernt hat, steht bis jetzt aber noch auf keiner Grußkarte: »Gehe in dich und erkenne dich selbst. Dann folge deinem Herzen und deinem Gefühl.« Diese Erkenntnis hat Gardners Leben von Grund auf verändert.

Wir selbst haben eines immer wieder festgestellt: In den Momenten, in denen man spontanen Launen und Eingebungen nachgibt, werden oft die großartigsten Geschäftsideen geboren. Vermutlich geht man umso unbeschwerter und lockerer an eine Sache heran, je weniger dabei auf dem Spiel steht. Sobald die mentalen und emotionalen Blockaden verschwinden und das Gefühl, unter Druck zu stehen, nachlässt, sprudeln die Ideen. Auch Carol Gardner hatte nichts zu verlieren, als sie sich dazu entschied, ihren Hund fotografieren zu lassen. Wer sich von Problemen zu sehr vereinnahmen lässt oder in seinen Gedanken zu festgefahren ist, ist oft unempfänglich für die kleinen Geistesblitze, die sich zu großartigen Ideen weiterspinnen lassen. Die meisten großen Dinge haben ganz klein angefangen. Wer sich aber unter Druck setzt und überfordert, programmiert damit Misserfolge und Fehlschläge vor. Um mit einer innovativen Geschäftsidee auftrumpfen zu können, brauchen Sie weder unerschöpfliche Ressourcen noch eine eigene Forschungs- und Entwicklungsabteilung oder eine Armee von Mitarbeitern.

Vielleicht liegt Ihre Inspiration schon direkt vor Ihrer Nase – oder in Gestalt einer Zelda zu Ihren Füßen.

Kleine Nische mit riesigem Erfolgspotenzial

In einem Bericht des Magazins *Entrepreneur* stand zu lesen, dass hoch spezialisierte Firmen jährliche Wachstumsraten von 20 bis 25 Prozent verzeichnen. Viele dieser Firmen haben sich eine kleine Marktnische erobert, in der sie entweder gänzlich oder zumindest annähernd konkurrenzlos agieren. Vor allem für angehende Unternehmer kann es die ideale Lösung sein, sich eine eigene Marktnische zu schaffen. Sowohl die anfänglichen Investitionen als auch die Konkurrenz bewegen sich in einem sehr überschaubaren Rahmen. Und wenn eine Innovation auf große Verbraucherresonanz stößt, kann aus einem Nischenprodukt schnell ein Verkaufsschlager oder eine ganz neue Produktkategorie werden. Allein 2007 erteilte das US-amerikanische Patentamt mehr als 180 000 Patente, hochgerechnet also ungefähr alle drei Minuten eines. Für ein Patent ist es nicht unbedingt notwendig, das Rad neu zu erfinden. Patente werden auch für die Weiterentwicklung oder Modifizierung bestehender Erfindungen vergeben, wie das Beispiel von Leslie Blodgett zeigt, die sich die Weiterentwicklung einer seit *Jahrtausenden* bekannten Erfindung patentieren ließ: Mineral-Make-Up.

Dieses Schönheitsprodukt erfreute sich schon zu Zeiten Kleopatras großer Beliebtheit in der Damenwelt. Rund zwei Jahrtausende später, im Jahr 1997, griff Leslie Blodgett die uralte Idee auf und verpasste dem natürlichen Kosmetikprodukt einen innovativen Anstrich. Ihr mittlerweile unter dem Namen Bare Escentuals bekanntes Kosmetikunternehmen begann als kleiner Schönheitssalon in San Francisco, der exklusiv ein einzigartiges Grundierungspuder namens bareMinerals vertrieb. Im Gegensatz zu anderen Grundierungsprodukten bestand bareMinerals zu 100 Prozent aus reinen Mineralien, enthielt keinerlei Konservierungsstoffe und ließ keinen Maskeneffekt entstehen. Es war »so seidig leicht auf der Haut, dass Sie sogar damit schlafen könnten«. Bei ihren Verhandlungen mit dem US-amerikanischen Shoppingkanal QVC trug Leslie aber dennoch dick genug auf, um sich Sendezeit zu ergattern. Sechs Minuten Fernsehwerbung genügten, um aus ihrem Nischenprodukt einen Verkaufschlager zu machen. Mittlerweile erzielt sie mit ihren Markenprodukten, die über Shoppingkanäle, online und in weltweit mehr als 750 Sephora-Salons vertrieben werden, Umsätze von über 500 Millionen US-Dollar und inspirierte Branchengrößen wie L'Oréal, CoverGirl und Revlon dazu, ihre Produktpaletten um natürliche Kosmetikartikel auf Mineralstoffbasis zu erweiterten.

Manchmal reicht es schon aus, eine allgemein bekannte Botschaft an unerwarteter Stelle zu vermitteln, um überraschende Geschäftserfolge zu erzielen. Eines der genialsten Beispiele dafür ist das sprechende Urinal der US-amerikanischen Firma Wizmark Technologies. Üblicherweise legen männliche Lokalbesucher noch einen Boxenstopp auf der Herrentoilette ein, bevor sie sich auf den Heimweg begeben. Sobald sich ein »Kunde« einem Urinal von Wizmark nähert, wird über den eingebauten Bewegungsmelder eine Bandansage aktiviert, und eine freundliche Frauenstimme rät dazu, die Fahrdienste eines Taxiunternehmens oder Freundes in Anspruch zu nehmen, anstatt sich alkoholisiert ans Steuer zu setzen. Dieses ungewöhnliche Produkt erregte so viel Medieninteresse, dass die Anschaffung der sprechenden Pinkelbecken in sieben US-amerikanischen Bundesstaaten gefördert wird. In den Toilettenräumen des Fenway Parks in Massachusetts – dem Heimstadion der Boston Red Sox, in dem das Bier bei den Spielen in Strömen fließt – gibt es mittlerweile nur noch sprechende Urinale. Und die County-Verwaltung von Nassau im US-amerikanischen Bundesstaat New York finanziert die flächendeckende Ausstattung mit den sprechenden Urinalen über die Bußgelder für Trunkenheit am Steuer. Wenn das nicht gerecht ist!

Es gibt unendlich viele brillante Geschäftsideen, die nur darauf warten, von irgendjemandem ausgebrütet zu werden. Und vielleicht genügt schon ein winzig kleiner Geistesblitz, damit auch Ihnen ein Licht aufgeht.

Etwas mehr Glanz bitte!

Als Sheri Schmelzer mal wieder mit ihren drei Kindern bastelte, kam ihr die Idee, ein Paar farbenfrohe Crocs-Kinderclogs zu verzieren, das schon deutliche Abnutzungsspuren zeigte. Dank der für die Marke typischen Belüftungslöcher an der Oberseite war es ein Leichtes, bunte Knöpfe und Glitzersteine anzunähen. Ihre siebenjährige Tochter war hellauf begeistert. Es dauerte nicht lange, bis Sheri sämtliche Crocs der Familie – zwölf Paar insgesamt – in bunt glitzernde Unikate verwandelt hatte, die überall für großes Aufsehen sorgten. Wie sich bald herausstellen sollte, hatte Sheri einen neuen Trend gesetzt. Noch bevor sie so recht wusste, wie ihr geschah, hatte sich ihr Hobbykeller in eine florierende Werkstatt verwandelt, in der sie Verzierungen und Anstecker entwarf, die sie unter dem Namen Jibbitz vertrieb. Die Nachfrage war so enorm, dass Sheri die Produktion nach China verlagerte, was ihren Umsatz in ungeahnte Höhen schießen ließ. Von der Unternehmenszentrale des Schuhherstellers Crocs zu Sheris Heimatort Boulder in Colorado war es nur ein Katzensprung, und so kam es, dass eine der Schmelzer-Töchter mit funkelnden Crocs-Schuhen an den Füßen eines Tages einem der Firmengründer über den Weg lief. Dieser drückte ihr sogleich seine Visitenkarte in die Hand und sagte ihr, ihre Mutter möge sich doch bitte bei ihm melden. An dem schicksalhaften Nachmittag, an dem Sheri Schmelzer aus Freude am Basteln ihr Nähkästchen durchwühlt hatte, hätte sie nicht einmal im Traum daran gedacht, dass ihr Crocs ein Jahr später ihre Marktnische für die stolze Summe von 20 Millionen US-Dollar abkaufen würde.

Manchmal reicht es schon aus, handelsübliche Produkte und bewährte Dienstleistungen mit ein bisschen Glanz und dem gewissen Extra zu versehen, um unglaubliche Erfolge zu erzielen. Bisweilen stellt sich der ersehnte Erfolg sogar schon durch eine andere Bezeichnung ein, wie die Erzeugergemeinschaft California Prune Board bestäti-

gen kann. Bei dem Begriff »Prune« – Dörr- oder Back-
pflaume – denkt scheinbar jeder sofort an Runzeln, Falten
und Verdauungsprobleme, weshalb die Erzeugergemeinschaft mit ihrer altbackenen Produktbezeichnung viele
der jüngeren und junggebliebenen Verbraucher abschreck-
te. Nachdem Verbraucherumfragen erbrachten, dass sich
die Bezeichnung »Dried Plum« – Trockenpflaume – für
neun von zehn Befragten wesentlich appetitlicher anhör-
te, erteilte die US-amerikanische Lebensmittelbehörde offiziell die Erlaubnis, die getrockneten Pflaumen unter dem
neuen Namen zu verkaufen. Das Ergebnis: Die Umsätze
gaben der Erzeugergemeinschaft keinen Anlass mehr für
Sorgenfalten oder Bauchschmerzen.

Lieber inspirieren als irritieren lassen

Jeder kennt und hasst diese kleinen Ärgernisse und nerv-
tötenden Störungen, die uns im Alltag auf die Palme bringen. Und fast jeder jammert und schimpft lieber darüber,
anstatt seine Energie darauf zu verwenden, die Ursache
des Problems ein für alle Mal aus der Welt zu schaffen.

Jen Groover aus Pennsylvania sehnte sich nach ein bisschen Ordnung in ihrem Leben, in dem seit der Geburt
ihrer Zwillinge das Chaos ausgebrochen war. Als sie wieder einmal im Supermarkt an der Kasse stand und sich den
missbilligenden Blicken der anderen Kunden ausgesetzt
sah, weil sie gefühlte Ewigkeiten nach Rabattmarken und

Kleingeld suchte, kam ihr derselbe Gedanke, der wohl jeder Frau in dieser Situation schon einmal durch den Kopf schoss: Warum gibt es keine vernünftigen Handtasche, in der man auf Anhieb findet, was man sucht?

Noch am selben Abend kam ihr beim Ausräumen der Spülmaschine eine Idee, die sie später als ihr entscheidendes Aha-Erlebnis bezeichnete. Könnte so ein Besteckkorb nicht auch in einer Handtasche für Ordnung sorgen? Versuchsweise setzte sie den Besteckkorb in eine leere Windeltragetasche ein und war so begeistert von ihrer Idee, dass sie ihre »Erfindung« ihren Freundinnen zeigte. Die Idee kam bei allen großartig an. Jen erkannte, dass ihr ein echter Coup geglückt war, ließ sich ihre Idee patentieren, verhandelte mit einem Taschenhersteller und brachte ihre Tasche unter dem Namen Butler Bag auf den Markt. Innerhalb weniger Jahre war aus der gestressten Mutter eine höchst erfolgreiche Unternehmerin geworden, die einen lukrativen Lizenzvertrag abgeschlossen hatte, sich vor Terminen kaum retten konnte, im Fernsehen und auf Veranstaltungen Vorträge hielt und kontinuierlich an der Entwicklung neuer Produkte arbeitete.

Bevor das Internet die internationalen Märkte auf ein globales Dorf zusammenschrumpfen ließ, hätten die Jen Groovers dieser Welt ohne Eigenkapital, gute Beziehungen und die Sicherheit eines finanzkräftigen Investors nicht die geringste Chance gehabt, einen Prototypen oder ein Muster ihrer kreativen Geschäftsidee produzieren zu lassen.

Heutzutage braucht man dagegen oft nur das richtige Gespür – die Fähigkeit, in kleinen Maßstäben zu denken und unscheinbare, aber relevante Details zu erkennen –, um gute Geschäftschancen wahrnehmen zu können, die andere bislang übersehen haben. Anders als früher gelten heute für jeden Wettbewerber tatsächlich dieselben Spielregeln und Maßstäbe. Die Zeiten, in denen sich eine Geschäftsidee nur mithilfe eines finanzstarken Unternehmens im Hintergrund umsetzen und vermarkten ließ, sind vorbei – ein Laptop ist alles, was man heutzutage dafür benötigt. Auf der Webseite InnoCentive.com (der Name setzt sich aus »Innovation« und »Incentive«, englisch für Anreiz, zusammen) kann sich jeder an der Lösung von Problemen versuchen, die namhafte Unternehmen aus allen möglichen Branchen ins Netz gestellt haben. Sämtliche Vorschläge werden gesetzlich geschützt und vertraulich behandelt, und die beste Idee wird mit bis zu 100 000 US-Dollar belohnt. Kein Problem ist zu klein, als dass sich aus seiner Lösung nicht Profit schlagen ließe. Für seine Idee, wie sich die Haltbarkeit von Joghurtkulturen verlängern lässt, wurde der Schweizer Ambros Huggin mit 20 000 US-Dollar belohnt. Kurz gesagt: Sie können davon ausgehen, dass jedes ihrer kleinen oder großen Probleme mit Sicherheit auch anderen Menschen auf die Nerven geht. Lassen Sie sich also nicht beirren, sondern zu einer Lösung inspirieren, die Sie zielstrebig umsetzen und vielleicht sogar gewinnbringend vermarkten können.

Bei der Lösung von alltäglichen Problemen sollte man

es aber auch nicht übertreiben, sonst kommen dabei so irrwitzige Produkte wie Toilettensitze für 640 US-Dollar pro Stück heraus, wie man sie in diversen Regierungsgebäuden findet. Oder Schraubenzieher, die so viel kosten wie ein Flugticket. Manchmal sollte man einfach alles vergessen, was man über die Nützlichkeit von Fokusgruppen, umfangreichen Marktstudien oder ausgefeilten Geschäftsplänen gelernt hat und ein Problem mit Kinderaugen betrachten. Bei der Denk- und Sichtweise Erwachsener gibt es nämlich oft ein Problem. Durch die ständige Verarbeitung von Vermutungen und Fakten, die Abwägung zwischen Halb- und Fachwissen wird ihr Blick eher getrübt, und das hindert sie daran, in neuen Bahnen zu denken. So lässt sich auch erklären, weshalb diverse Forschungs- und Entwicklungsteams Millionen US-Dollar für die »intelligente« Ausstattung von futuristischen Weltraumküchen benötigten, während ein vierjähriges Mädchen aus Houston ihr eigenes Küchenproblem auf einfache und kostengünstige Weise löste. Ihre Erfindung machte sie zur bisher jüngsten US-amerikanischen Patentinhaberin und bestand aus einer Art Saugnapf an einem langen Stiel, mit dem sie auch die Küchenschränkchen und Schubladen öffnen konnte, an die sie noch nicht heranreichte. Respekt! Hoffentlich ist sie an die Schokoriegel drangekommen!

Mit ihren vier Jahren hatte die Kleine instinktiv erfasst, woran selbst Akademiker oft scheitern: Die erste Voraussetzung für den Erfolg ist, das grundsätzliche Problem zu erkennen und aus dem Weg zu räumen. Das gilt auch, wenn es nur um etwas Banales geht – zum Beispiel darum, einen gelungenen Abend in einem guten Restaurant zu verbringen.

Bedürfnisbefriedigung kann sich lohnen

Tim und Nina Zagat hatten an einer Eliteuniversität Jura studiert und waren ausgesprochene Feinschmecker. An einem Abend im Jahr 1979 saßen die Zagats mit Freunden in einem Restaurant in New York City. Das Essen in dem von Feinschmeckern so hoch gelobten Restaurant war jedoch enttäuschend, und weder die Zagats noch ihre Freunde konnten sich die guten Kritiken erklären. Im Laufe des Gesprächs kam Tim auf eine Idee: Warum nicht selbst einen Restaurantführer für den privaten Gebrauch erstellen? Er, Nina und die anderen könnten bei zukünftigen Restaurantbesuchen doch Plus- und Minuspunkte vergeben, und vielleicht könnte man weitere Freunde, Kollegen und Geschäftspartner ja auch für die Idee begeistern. Und wenn genügend Informationen vorlagen, würde er, Tim, die Daten auswerten und in übersichtlicher Form zusammenstellen. So ein privater Restaurantführer mit genauen Angaben über Speisen, Ambiente und Preise käme doch allen zugute. Die Idee klang gut, und schließlich würde es ja auch Spaß machen, die Informationen zusammenzutragen.

Der erste »Restaurantführer«, der im Freundes- und Bekanntenkreis verteilt wurde, bestand aus einem beidseitig per Hand beschrifteten Blatt Papier. Mit der Zeit beteiligten sich jedoch immer mehr Freunde und Bekannte an der Restaurantbewertung, deren Ergebnisse Tim regelmäßig in einem Newsletter und schließlich – auf Wunsch seiner Feinschmeckerfreunde – in einer kleinen Broschüre zusammenstellte.

Obwohl sich die Kunde von dem inoffiziellen Restaurantführer wie ein Lauffeuer verbreitete, fand sich zunächst kein Verlag, der bereit war, die Broschüre der Zagats herauszugeben. So leicht ließen sich Tim und Nina jedoch nicht entmutigen. Sie ließen ihren Restaurantführer einfach in einer kleinen Auflage auf eigene Kosten drucken. Die Exemplare waren schnell verkauft, und als die Buchläden Nachschub orderten, wurde den Zagats klar, dass sich ihr Hobby als einträgliche Geschäftsidee erweisen könnte.

Aus der spontanen Idee, die Tim an einem Restauranttisch in den Kopf kam, weil er sich über das schlechte Essen geärgert hatte, entwickelte sich nach und nach ein weltweit bekanntes Unternehmen. Mehr als 5,5 Millionen Zagat-Restaurantführer wurden mittlerweile weltweit verkauft und erfreuen sich dank der meist höchst amüsant geschriebenen Kommentare von über 300 000 Restaurantkritikern so großer Beliebtheit, dass mittlerweile nicht nur Restaurants, sondern auch Hotels und Golfplätze bewertet werden.

Die Zagats haben den Restaurantführer nicht *neu erfunden*, aber sie haben *neue Maßstäbe* gesetzt.

In einer Hinsicht waren sie aber dennoch Pioniere. Sie gehörten zu den ersten Unternehmern, deren Geschäftskonzept sich ausschließlich auf Verbraucherinformationen stützte. »Lange bevor der Begriff ›nutzergenerierte Inhalte‹ geprägt wurde, erschien es uns schon als das Vernünftigste und Sinnvollste, Informationen für Verbraucher auch von Verbrauchern einzuholen, da Expertenmeinungen oft weniger aussagekräftig sind.« Und obendrein kosten Verbraucherinformationen keinen Cent!

Ein wertvolles Gut: Seelenfrieden

»Ich werde ständig danach gefragt, weshalb ich meine vielversprechende Anwaltskarriere an den Nagel gehängt habe, um Kuchen zu backen«, gibt Warren Brown lachend zu. Einige hielten ihn zwar für vollkommen verrückt, doch die meisten könnten seine Entscheidung verstehen – das behauptet er jedenfalls.

Als frischgebackener Jurist mit einem Master im Gesundheitswesen verließ Brown 1998 die George-Washington-Universität und begann seine Karriere als Fachanwalt für Betrugsdelikte im staatlichen Gesundheitswesen. Trotz rosiger Zukunftsaussichten stellte Brown schon bald fest, dass es ihn nicht wirklich befriedigte, ein erfolgreicher, angesehener und hoch bezahlter Anwalt zu sein.

Was ihn wirklich glücklich und stolz machte, war etwas ganz anderes: eine prächtige, selbstgebackene Schichttorte. Mit einem solchen Meisterstück als Handgepäck machte er sich an einem wunderschönen Morgen im Herbst 1999 auf den Weg von Washington nach New York, um das Wochenende mit Verwandten zu verbringen. Kuchenbacken war schon immer Browns große Leidenschaft gewesen. Es machte ihm Spaß, er fand es spannend und zugleich entspannend und befriedigend. Warren Brown war immer ein gern gesehener Gast bei jedem Fest, denn er kam prinzipiell mit einem selbstgebackenen Kuchen, von dem nie auch nur ein Krümel übrig blieb. Dieses Mal hatte er für seine Verwandten »nur« eine einfache Schokoladentorte gebacken, die den Flug gut überstehen würde. Zu Browns großer Überraschung erregte sein süßes Mitbringsel unglaubliches Aufsehen und entlockte jedem – ob Sicherheitsbedienstetem, Flugbegleiter oder Passagier – irgendeinen Kommentar.

»Als ich in der Ankunftshalle in New York auf meine Tante Yvette und ihre Freundin Kim wartete, starrte ich verdattert auf meine Torte und grübelte«, schreibt Brown auf seiner bekannten Webseite. »Ich ließ die letzten Stunden noch einmal Revue passieren. Wieso waren nur so viele Leute beim Anblick meiner Torte völlig aus dem Häuschen geraten? Plötzlich ging mir ein Licht auf. Meine Zukunft lag direkt vor meiner Nase: Kuchen und Torten aus eigener Herstellung, das war's! Ich hatte ja gerade erlebt, wie groß die Nachfrage war. In diesem Moment beschloss ich, meine Brötchen in Zukunft als Kuchenbäcker zu verdienen.«

Im Jahr 2002 eröffnete Brown in Washington, D.C. eine winzige Bäckerei namens CakeLove, und nach und nach vier Filialen in den Vororten. In den USA ist Brown mittlerweile eine aus Funk und Fernsehen bekannte Berühmtheit, hat mit der Sendung *Sugar Rush* eine eigene Fernsehshow im Food Network und brachte ein Backbuch heraus, das fast schon zu den Standardwerken zählt und in keinem Küchenregal fehlen sollte.

»Nach meiner beruflichen Umorientierung stellte ich natürlich schnell fest, dass der Beruf eines Kuchenbäckers kein Zuckerschlecken, sondern anstrengende und stressige Arbeit ist«, so Brown. »Ich bin am Abend meist hundemüde, völlig erschöpft, der Rücken tut mir weh und die Gelenke schmerzen. Es ist ein Knochenjob, aber er macht mich glücklich, und ich bin mit mir und der Welt rundum zufrieden. Es ist einfach wunderbar, in die strahlenden Gesichter von Kunden zu blicken, die in ein noch warmes Stück Kuchen beißen und sich den Geschmack auf der Zunge zergehen lassen. Ich lebe meine Leidenschaft, ich bin mit mir im Reinen, und das Backen erfüllt mich jeden Tag aufs Neue mit tiefer Zufriedenheit.«

Der Seelenfrieden, den Brown mit der Entscheidung für ein einfacheres, bescheideneres Leben gewonnen hat, hat für ihn einen wesentlich größeren Wert als eine Partnerschaft in einer angesehenen Anwaltskanzlei oder ein sechsstelliges Jahresgehalt. Allerdings braucht es eine gehörige Portion Mut, um eine so folgenschwere Entscheidung zu treffen und in die Tat umzusetzen.

Haben auch Sie ein Hobby, das Sie fasziniert? Dann sollten Sie diese Tätigkeit, der Sie in jeder freien Sekunde nachgehen, nicht als bloße Spinnerei oder Laune abtun. Wenn Sie nichts lieber tun, als anderen Menschen Einrichtungstipps zu geben und auf Trödelmärkten originelle Raritäten aufzustöbern, sind Sie vielleicht der geborene Innenausstatter! Hätte es Sandi Genovese vor 20 Jahren nicht so großes Vergnügen bereitet, den Familienurlaub auf Hawaii mit Fotos, Flugtickets, Eintrittskarten und allem Drum und Dran in einem reich verzierten Album zu dokumentieren, wäre das sogenannte Scrapbooking womöglich nie zu einem so beliebten Trend geworden. Mit ihrem kreativen Hobby löste Genovese eine Welle der Begeisterung aus, die über die Landesgrenzen hinausschwappte. Sie machte ihr Hobby zum Beruf, und heute ist Genovese Bestsellerautorin und hat ihre eigene Fernsehshow, in der sie ihre Bastelartikel vorstellt und verkauft.

Wechseln auch Sie einmal die Perspektive, und blicken Sie zur Abwechslung nicht auf den Horizont, sondern auf das, was direkt vor Ihnen liegt. Vielleicht wartet die eine oder andere überraschende Kleinigkeit nur darauf, endlich von Ihnen wahrgenommen zu werden – zum Beispiel eine lukrative Geschäftsidee, die Ihnen Seelenfrieden und ein hübsches Einkommen beschert. Schon Konfuzius sagte: »Wenn du liebst, was du tust, wirst du nie mehr in deinem Leben arbeiten«.

Mit kleinen Schritten weit kommen

Öffnen Sie sich für die zündende Idee. Denken Sie einmal darüber nach, was aus Ihrer Sicht nicht so funktioniert, wie es sollte, und förmlich danach schreit, verbessert zu werden. Nehmen Sie drei Gegenstände des alltäglichen Lebens in die Hand und fragen Sie sich, ob man sie nicht noch besser, praktischer oder schöner machen könnte.

Wecken Sie das Kind in sich. Trauen Sie sich, naive, kindliche Fragen zu stellen. Warum ist etwas so und nicht anders? Anstatt jemanden für seinen Erfolg still zu bewundern, bohren Sie doch ruhig einmal nach. Neugier statt Neid sollte Ihre Devise lauten. Es spricht überhaupt nichts dagegen, sich das Erfolgsrezept anderer in allen Einzelheiten erklären zu lassen.

Probieren geht über Studieren. Sie nähen leidenschaftlich gerne und werden ständig danach gefragt, welcher Modedesigner eigentlich Ihre Kleidung und Accessoires entwirft? Wenn Ihnen Ihr Job nicht einmal halb so viel Spaß macht wie Ihr Hobby, so sollten Sie es zumindest in Erwägung ziehen, Ihr Hobby zum Beruf zu machen. Testen Sie doch einmal ganz unverbindlich aus, wie Ihre Designs auf einer entsprechenden Messe oder Ausstellung ankommen. Oder: Sie verzichten auf die nächste Urlaubsreise, um während der Ferien in Ihren Traumberuf hineinzuschnuppern.

Kreative Kombinationen. Durch die clevere Kombination zweier Produkte, die auf den ersten Blick rein gar nichts miteinander zu tun haben, ist schon so manche tolle Geschäftsidee entstanden – zum Beispiel ein Nike-Laufschuh, der über Funk mit dem iPod von Apple kommuniziert, damit der Läufer jederzeit über die gelaufenen Kilometer, das Lauftempo und den Kalorienverbrauch informiert ist. Betrachten Sie einmal ganz verschiedenartige alltägliche Dinge, die sich in Ihrer Wohnung oder Ihrem Büro befinden. Eröffnen sich da vielleicht kreative Kombinationsmöglichkeiten? Ein Duschkopf mit einem Föhn, damit die Haare schon einmal geföhnt werden, während man sich noch mit dem Handtuch abrubbelt? Wer weiß. Wenn sich die Idee für die Megaerfindung noch nicht einstellen will, probieren Sie es erst einmal mit Minierfindungen.

Kapitel 9
Mit kleinen Dingen die Welt verbessern

So etwas wie einen *kleinen* Akt der Freundlichkeit gibt es nicht. Jeder einzelne Akt zieht weite Kreise, die sich in die Unendlichkeit fortsetzen können.

Scott Adams

Wenn wir die Lektionen über die Macht der Kleinigkeiten befolgen, können wir unendlich viel dazu beitragen, unser eigenes Leben, das unserer Mitmenschen und die Welt, in der wir leben, zu verbessern. Davon sind wir überzeugt. Die meisten Menschen glauben jedoch, die gewaltigen globalen Herausforderungen unserer Zeit ließen sich nur von führungsstarken Visionären bewältigen, die über unbegrenzte Ressourcen verfügen und sich auf internationalen Krisengipfeln beraten. Doch sollte sich nicht jeder an die eigene Nase fassen und vor der eigenen Haustür kehren, anstatt darauf zu hoffen, dass die führenden Köpfe aus Politik und Wissenschaft die großen Plagen unserer Zeit – Hunger, Armut und Krankheit – besiegen?

Jeder Mensch kann dazu beitragen, dass unsere Welt freundlicher, schöner und besser wird. Dafür braucht es weder einen grandiosen Masterplan noch den Rückhalt einer großen Partei oder Volksbewegung. Es sind die kleinen Akte der Freundlichkeit und Nächstenliebe – unsere

195

eigenen und die von Millionen anderer Menschen –, die unsere Welt verändern und verbessern können.

Das Rad oder vielmehr den Rollstuhl neu erfinden

Während ihres Urlaubs in Marokko mussten Don Schoendorfer und seine Frau mitansehen, wie eine arme, verkrüppelte Bettlerin, die sich nur durch die Kraft ihrer Finger fortbewegen konnte, von den anderen Bettlern verhöhnt und verspottet wurde. Schoendorfer war wütend und entsetzt – über dieses Bild des Elends, die Grausamkeit der Bettler und vor allem darüber, dass er nicht in der Lage war, dieser Frau zu helfen. Das Bild der armen, schwerbehinderten Bettlerin, die unter offensichtlichen Schmerzen über die staubige Straße robbte, wollte ihm auch in seinem schönen, bequemen Zuhause im Orange County, Kalifornien, nicht mehr aus dem Kopf gehen.

Dass in unserer Zeit, in der Menschen zum Mond fliegen und schon Kleinkinder in Spielzeugautos herumfahren können, auch nur ein Mensch aufgrund eines Gebrechens seiner Würde und Bewegungsfähigkeit beraubt sein sollte, empfand Schoendorfer als unerträglich und inakzeptabel. Das konnte und durfte nicht sein, und daher beschloss er, selbst etwas dagegen zu tun. Sein Plan: einen preisgünstigen, robusten Rollstuhl zu entwickeln, den sich auch die Ärmsten der Armen leisten können. So durchforstete der gelernte Maschinenbauingenieur wochenlang die verschiedensten Baumärkte und Geschäfte nach geeigneten Bauteilen und verwandelte seine Garage in eine Werkstatt, in der er bis spät in die Nacht herumtüftelte und schraubte.

Sein Vorhaben stellte sich als ausgesprochen schwierig heraus. Der Rollstuhl musste äußerst geländegängig sein und sich über Stock und Stein, durch tiefen Schlamm und Wüstensand gleichermaßen gut bewegen können. Das Material musste extrem wetterfest sein, um flirrender Hitze und eisiger Kälte, Sand-, Tropen- und Schneestürmen standhalten zu können. Würde sich irgendein armer Mensch in einem Entwicklungsland je so ein geländegängiges High-Tech-Modell leisten können, wenn doch schon ein ganz normaler Rollstuhl in der Regel unerschwinglich war? Schoendorfer ließ sich nicht entmutigen. Er tüftelte so lange, bis er einen Rollstuhl konstruiert hatte, der allen Anforderungen gerecht wurde. Er bestand aus einem Gartenstuhl aus wetterfestem Kunststoff, der auf zwei Mountainbikerädern montiert war und sich über zwei handelsübliche Lenkrollen lenken ließ. Eine verblüffend simple Konstruktion, die robust genug war, um auch den härtesten Einsatzbedingungen zu trotzen. Und das für nicht einmal 52 US-Dollar.

Dem Einfallsreichtum und der hartnäckigen Entschlossenheit eines einzigen Mannes ist es zu verdanken, dass ein ganz normaler Alltagsgegenstand – ein preiswerter, kaum kaputt zu kriegender Kunststoffgartenstuhl – das Leben von Tausenden gehbehinderten Menschen in den ärmsten

Regionen unserer Erde auf ganz wunderbare Weise verbessert hat.

In über 32 Ländern der Erde, darunter Angola, Indien, Peru und der Irak, verhalf Schoendorfers Hilfsorganisation – die »Free Wheelchair Mission« – mehr als 75 000 hilfsbedürftigen Menschen zu mehr Mobilität. Angesichts der über 100 Millionen behinderten Menschen in den Entwicklungsländern, formuliert Schoendorfer sein bescheidenes Ziel: »Ich möchte bis 2010 etwa 20 Millionen Rollstühle verschenkt haben.«

Denkt man an die brennenden Probleme unserer heutigen Zeit, dann ist Schoendorfers Hilfsaktion natürlich nur ein Tropfen auf den heißen Stein. Dennoch zeigt er einen Weg auf, den jeder Mensch einschlagen kann. Peter Drucker, ehemaliger Präsident der Rockefeller-Stiftung, war davon überzeugt, dass sich in der Gesellschaft ein erfreulicher Wandel hin zu mehr Solidarität und Hilfsbereitschaft vollzieht. Immer mehr Menschen leisten in ihrer Freizeit ehrenamtliche Arbeit, um der Gemeinschaft zu dienen. Diese engagierten Bürger verkaufen nicht einfach nur selbstgebackenen Kuchen, um Geld für die Gemeindebibliothek zu sammeln – sie tun es, um dem Hunger, der Armut und dem Elend, ja sogar dem ewigen Kämpfen und Töten auf unserer Erde vom Küchentisch aus den Kampf anzusagen. Und das geschieht oft ohne finanzielle Unterstützung durch Politik, Wirtschaft und großzügigen Sponsoren.

Freunde, Bekannte und gleichgesinnte Bürger schließen

sich zusammen, um im kleinen Kreis so viel Gutes wie möglich zu tun. Diese Motivation ist die treibende Kraft hinter den zahlreichen sozial engagierten Spenderkreisen, deren Mitglieder kleine Beträge in die gemeinsame Spendenkasse einzahlen und später darüber entscheiden, welchem guten Zweck das gesammelte Geld zugute kommt. Bei manchen Gruppen zahlt jedes Mitglied täglich einfach nur einen Dollar in die Spendenkasse ein, andere veranstalten alle paar Monate ein großes Fest, zu dem jeder etwas mitbringt und sich für eine Spende von 35 Dollar nach Herzenslust am Büffet bedienen kann. Die zwölf Frauen, die in Washington, D. C. einen Spenderkreis gründeten, sammelten die stolze Summe von 50 000 US-Dollar und spendeten sie einem Psychologen, der damit eine psychiatrische Klinik in einem sozial schwachen Stadtviertel eröffnen konnte. Die Zahl solcher Spenderzirkel nimmt in den Vereinigten Staaten seit einigen Jahren stetig zu. Mit den Geldspenden werden sowohl Einzelne als auch bedürftige Gruppen in fernen Ländern unterstützt – so zum Beispiel eine bedürftige Familie vor Ort, die ihre Stromrechnung nicht bezahlen kann, oder aber ein Frauenkollektiv in Ruanda, dem es an Nähmaschinen mangelt. Aktuell belaufen sich die bisher über Privatinitiativen und Spenderzirkel gespendeten Summen auf schätzungsweise 100 Millionen US-Dollar.

Auch in der Geschäftswelt tut sich etwas. Anderen Gutes zu tun und es sich selbst gut gehen zu lassen stellt keinen unvereinbaren Widerspruch mehr dar. David Bornstein schreibt in seinem Buch *Die Welt verändern. Social Entrepreneurs und die Kraft neuer Ideen*, dass das verstärkte Engagement, mit dem sich ganz normale Bürger daran machen, die Not und das Leid auf unserer Erde zu lindern, eine interessante Nebenwirkung hatte: Hunderttausende von sozial verantwortungsvoll agierenden Klein- und Miniunternehmen wurden gegründet und ließen diesen Sektor zum größten US-amerikanischen Wachstumsmarkt werden. Der Programmierer und Unternehmer Greg McHale aus Boston hat beispielsweise eine Art lokale Partnervermittlung für Hilfsinitiativen und freiwillige Helfer entwickelt. In einem über Werbeanzeigen finanzierten Veranstaltungskalender, den jeder interessierte Bürger über einen Link in der Online-Ausgabe der Tageszeitung aufrufen kann, können die Initiatoren von Wohltätigkeitsveranstaltungen ihre Termine und Aufrufe an freiwillige Helfer eintragen. Die Zeitung teilt sich die Werbeeinnahmen mit McHale, dem Betreiber der Webseite good2gether.com.

Albert Einstein merkte einst an, dass »unsere Technologie unsere Menschlichkeit schon lange überholt hat«. Heutzutage eröffnet uns der technologische Fortschritt jedoch eine Vielzahl an Möglichkeiten, um humanitäre Ziele zu erreichen. Mit etwas Kreativität und dem Internet kann ein einziger Mensch ein Hilfsprojekt ins Leben rufen, das notleidende Menschen rund um den Globus vor dem Hungertod bewahrt – und gleichzeitig den Sprachschatz der restlichen Bevölkerung erweitert.

200

Eine Idee keimt auf

Im Oktober 2007 saß John Breen in seinem Haus in Bloomington, Indiana, mit einem Stapel Karteikarten in der Hand am Küchentisch und fragte seinen ältesten Sohn Ben, der sich auf eine Universitätsprüfung vorbereitete, Vokabeln ab. Es war eine sehr langweilige und eintönige Angelegenheit, die nur Bens jüngerem Bruder Casey Spaß machte, der jedes Mal schadenfroh feixte, wenn Ben ein Wort nicht wusste. Und dazu hatte er reichlich Gelegenheit, denn der Lerneffekt des Karteikartensystems ließ zu wünschen übrig. *Da muss es doch etwas Besseres geben*, dachte sich John, dem langsam der Geduldsfaden riss.

Als gelernter Programmierer dachte John Breen natürlich gleich an einen Vokabeltrainer für den Computer. Auf ein spielerisch gestaltetes Lernprogramm würde sich sein Sohn sicherlich viel besser konzentrieren können und die Prüfung mit Bravour bestehen. Breen beschäftigte damals noch ein anderes Projekt, dem er sich schon seit einiger Zeit gewidmet hatte. Er arbeitete an einer Webseite, auf der er sein größtes Anliegen vorantreiben wollte – der Hungersnot auf unserer Erde ein Ende zu bereiten. »Das ist relativ einfach zu bewerkstelligen«, so Breen. »Anders als bei Krankheiten wie Krebs muss ja nicht erst ein Heilmittel gefunden werden. Es müssen sich lediglich genügend Menschen zusammenschließen, die willens sind, etwas gegen den Hunger auf der Welt zu unternehmen.«

Breen hatte die Idee, seine beiden Projekte miteinander

zu verbinden, und so nahm die Webseite FreeRice.com allmählich Gestalt an. Einen ganzen Sommer lang fütterte Breen sein Lernprogramm mit Tausenden von Begriffen und Definitionen. Jedes Mal, wenn der Benutzer auf die richtige Definition eines Begriffs klickt, werden 20 Reiskörner an das Welternährungsprogramm der Vereinten Nationen gespendet. Verteilt wird der Reis über die Vereinten Nationen, und finanziert wird das Ganze über Werbeanzeigen auf FreeRice.com. Für die Unternehmen, die hier für sich werben, erweist es sich zudem als durchaus lukrativ (da einträglich – wieder 20 Reiskörner), sich mit einem Hauch Altruismus (da uneigennützig – noch einmal 20 Reiskörner) zu umgeben.

FreeRice.com wird millionenfach besucht und benutzt. Im Durchschnitt stellen täglich an die 40 000 Internetbenutzer ihren Wortschatz auf die Probe und sammeln so rund 150 Millionen Reiskörner, die sich bis jetzt auf rund 42 Milliarden Reiskörner summiert haben. Nun hören sich ein paar hundert Reiskörner pro Webseitenbesucher vielleicht nicht danach an, als ließe sich damit der Welthunger besiegen. Aber dennoch »leistet jeder Einzelne damit einen wertvollen Beitrag zu einem groß angelegten Gemeinschaftsprojekt«, versichert die Pressesprecherin des UN-Welternährungsprogramms Jennifer Parmelee.

»Der Erfolg ist nicht mir zu verdanken, sondern all den vielen Menschen, die daran glauben, dass wir gemeinsam etwas Großes bewirken können, wenn nur jeder einen kleinen Beitrag dazu leistet«, sagt Breen.

Immer mehr junge Menschen möchten einen Beruf ergreifen, der es ihnen ermöglicht, ihr Können und Wissen in den Dienst der Gemeinschaft zu stellen. Viele amerikanische Hochschulen und Universitäten unterstützen diesen Trend, allen voran das Colin Powell Center for Policy Studies am City College von New York. Das Colin Powell Center ist ein wichtiger Sponsor für das sogenannte Service Learning – Lernen durch Engagement. Dieses Modell ermöglicht unter anderem angehenden Sozialarbeitern, Lehrern und Krankenpflegern, sich im Zuge ihrer Ausbildung in gemeinnützigen Projekten zu engagieren.

Wenn man sich die Ergebnisse dieses überaus großen Engagements jedes Einzelnen bei gemeinnützigen Projekten anschaut, macht das Mut und Hoffnung. Vor allem junge Menschen engagieren sich mit unermüdlicher Energie und Leidenschaft, wenn man ihnen die Möglichkeit bietet, ihre Hilfsbereitschaft auszuleben. Tatsächlich sind es oft die Kleinsten unter uns, die das größte Herz haben.

Größe ist keine Frage des Alters

Eigentlich wollte der zwölfjährige Craig Kielburger in der Zeitung ja nur den Comic lesen. Aber dann blieb er an einem Artikel hängen, in dem über das schlimme Schicksal eines pakistanischen Jungen berichtet wurde. Der Junge war mit vier Jahren als Arbeitssklave an eine Teppichmanufaktur verkauft worden und wurde im Alter von zwölf Jahren ermordet, weil er öffentlich gegen die ausbeuterische Kinderarbeit protestiert hatte. Die Tatsache, dass ein Junge in seinem Alter gestorben war, weil er anderen Leidensgenossen helfen wollte, schockierte Craig zutiefst. In dem Artikel hieß es weiter, dass weltweit über eine Viertelmilliarde Kinder Tag für Tag als billige Arbeitskräfte missbraucht werden. Diese Kinder werden ihrer Kindheit beraubt. Sie haben nicht das Glück, regelmäßig in die Schule gehen zu dürfen, um etwas zu lernen. Sie wissen gar nicht, wie es ist, nachmittags nach Herzenslust draußen herumzutoben oder sich wenigstens sicher sein zu können, dass zu Hause ein warmes Essen für sie auf dem Tisch steht. Der Junge aus Pakistan, der so brutal zum Schweigen gebracht worden war, weil er seine Stimme gegen Ausbeutung und Ungerechtigkeit erhoben hatte, wollte Craig nicht mehr aus dem Kopf gehen. Er lud zehn seiner Klassenkameraden zu sich ein, um Pizza zu essen und dabei zu beratschlagen, ob sie nicht etwas für die Abschaffung von Kinderarbeit tun könnten. Die empörten Jugendlichen beschlossen, den Protest des ermordeten Jungen aufzugreifen und zu einem Schrei der Empörung anschwellen zu lassen, der nicht mehr überhört, geschweige denn unterdrückt werden könnte. Um dieses Ziel zu erreichen, gründeten sie die Hilfsorganisation »Free the Children« – Befreit die Kinder –, die für die Abschaffung der Kinderarbeit kämpft und, wie Craig in Interviews immer wieder betont, auch dafür, dass »ausgebeutete Kinder sich von der bedrückenden Vorstellung befreien, sie seien ihrem Schicksal hilflos und machtlos ausgeliefert«. Craig ist heute ein junger Mann, und »Free the Children« ist die größte internationale Hilfsorganisation von Kindern für Kinder und wird von so einflussreichen Institutionen wie den Vereinten Nationen unterstützt.

Auch die frischgebackene Highschool-Schülerin Shauna Fleming wollte sich nicht blind und taub für das Schicksal anderer stellen. Sie sah sich gerade die Abendnachrichten im Fernsehen an, als darüber berichtet wurde, dass sich die große Mehrheit der im Ausland stationierten US-amerikanischen Soldaten von den Leuten zu Hause im Stich gelassen fühlte; die Soldaten sehnten sich nach mehr Rückhalt und Anerkennung. Dieser Bericht brachte Shauna, die sich für die Schule sowieso eine Projektarbeit mit sozialem Inhalt überlegen musste, auf eine Idee.

Sie marschierte zu ihrem Vater, der im Zimmer nebenan Papierkram erledigte. »Papa«, verkündete sie, »ich werde unseren Soldaten Dankesschreiben schicken.«

»Prima, mach das«, erwiderte er geistesabwesend.

»Wie viele werden das wohl sein, was meinst du?«

»Eine Million«, lautete seine Antwort.

Shauna nahm ihn beim Wort. Sie schnappte sich ihr Adressbuch und telefonierte und schrieb, bis sie jeden ihrer Bekannten und Freunde dazu aufgefordert hatte, den US-amerikanischen Soldaten Briefe und Postkarten zu schreiben – und wiederum selbst alle Freunde, Verwandte und Bekannte dazu aufzufordern, dasselbe zu tun. Ihr Vater half ihr, indem er die Presse informierte, und kurz darauf bat die örtliche Tageszeitung sie um ein Interview. Als die US-amerikanische Presseagentur Associated Press auf Shaunas Aktion aufmerksam wurde, ging ihre Geschichte schon bald um die Welt. Von da an klingelte Shaunas Wecker bisweilen zu nachtschlafender Zeit, weil sie beispielsweise von der Westküste schnell einmal an die Ostküste fliegen musste, um als Gast in einer morgendlichen Talkshow aufzutreten. An ihrer Schule ging eine Flut von Briefen an die Soldaten ein, die kistenweise in einem nicht benutzten Klassenzimmer gelagert wurden, bis Shauna sie sortiert und versandfertig gemacht hatte. Nicht alleine, natürlich. Viele Schulkameraden opferten ihre kostbare Freizeit, um ihr dabei zu helfen. »Das Schneeballsystem hat funktioniert und eine Lawine ausgelöst«, erklärt Shauna. In nur sechs Monaten hatte sie ihr Ziel erreicht und wurde ins Weiße Haus eingeladen, um das millionste Dankesschreiben persönlich dem damaligen Präsidenten Bush auszuhändigen.

Seitdem sind über sechs Jahre vergangen. Shauna ist mittlerweile auf dem College, hat ein Buch über ihre Aktion geschrieben und die Initiative »A Million Thanks« gegründet, die in den USA mit 200 Zweigstellen vertreten ist. Die Anzahl der Dankesschreiben für US-amerikanische Militärangehörige ist auf vier Millionen angestiegen, und es ist kein Ende in Sicht.

»Wenn ich damit auch nur einem Menschen eine Freude machen konnte, hat sich der Aufwand schon gelohnt«, erklärt sie.

In jedem von uns steckt ein Held

Besonders fest im Glauben an die Kraft und Macht der kleinen Dinge ist die »Make-A-Wish-Foundation«. Sie hat ein Ziel, dem eine ganz einfache Überlegung zugrunde liegt: Allein in Nordamerika gibt es Tausende von Kindern, die an einer schweren oder unheilbaren Krankheit leiden. Jedes einzelne dieser Kinder hat einen Herzenswunsch, und jeder von uns hat die Mittel und Möglichkeiten, den Wunsch eines dieser Kinder zu erfüllen. Als unsere Agentur beauftragt wurde, eine Kampagne zu entwerfen, um im großen Stil für das Anliegen der Stiftung zu werben, machten sich die Kreativdirektoren John Murphy und Simon Hunt mit der unentgeltlichen Unterstützung eines Regisseurs, eines Tontechnikers und eines ganzen Produktionsteams daran, den größten Wunsch eines ganz besonderen Jungen zu erfüllen: Michael Lucco.

Der sechsjährige Michael Lucco litt unter Mukoviszidose, einer genetisch bedingten Stoffwechselerkrankung, die ihm schwer zu schaffen machte. Die Kinderstation im Krankenhaus war schon fast zu einem zweiten Zuhause für ihn geworden, und oft ging es ihm so schlecht, dass er nicht in die Schule gehen konnte. Trotz seiner schlimmen Krankheit hatte der kleine Michael aber einen ganz uneigennützigen Herzenswunsch, den er seinen Eltern verriet: Er wollte anderen Menschen helfen. Und in der Vorstellungswelt eines kleinen Jungen ist das natürlich nur einem Superhelden möglich.

Die »Wunscherfüller« der Make-A-Wish-Foundation begannen also damit, die Figur zum Leben zu erwecken, mit der sich der Junge identifizierte – Beetleboy, der Michaels Lieblingssuperheld Spider-Man zu Seite stand.

Zu den freiwilligen Helfern gehörten unter anderem ein junges Mädchen und seine Mutter, die das gelbe Beetleboy-Kostüm mit einem roten und einem grünen Handschuh entwarfen und nähten. Stu Snodgrass, ein junger Mann, der für die Make-A-Wish-Foundation arbeitete, erklärte sich dazu bereit, in die Rolle von Spider-Mans Erzfeind, den Grünen Kobold, zu schlüpfen und in einem hautengen Outfit sein Unwesen in Pittsburgh zu treiben. Der populäre Fernsehnachrichtensprecher eines lokalen Senders zeichnete einen erfundenen Bericht über die ungeheuerlichen Vorgänge in der Stadt auf, den er mit einem eindringlichen Hilfsappell an Beetleboy beendete. Sogar der städtische Zoo, die Universität von Pittsburgh, der Bürgermeister und der Polizeichef willigten ein, bei der großen Inszenierung mitzumachen.

Als Michael eines schönen Tages nichtsahnend am Frühstückstisch saß und sich dabei, wie üblich, im Fernsehen Zeichentrickfilme ansah, wurde die Sendung plötzlich für eine dringende Nachrichtenmeldung unterbrochen, die Michael höchst alarmiert verfolgte. Die Stadt war in Gefahr! »Beetleboy«, flehte der Nachrichtensprecher, »ich hoffe, diese Meldung erreicht dich! Du musst uns unbedingt helfen!«

Die Szene, die sich daraufhin abspielte, wird Greg Lucco,

Michaels Vater, wohl nie vergessen. Wie von der Tarantel gestochen, sprang Michael vom Tisch auf, schlüpfte in sein Kostüm und rannte aus dem Haus. Vor der Haustür wartete schon ein roter New Beetle, den ein Händler freundlicherweise zur Verfügung gestellt hatte, auf den kleinen Superhelden. Mit einer Polizeieskorte im Schlepptau steuerte das Rettungskommando zuerst den Zoo von Pittsburgh an, wo Michael seine rot behandschuhte Hand hochhielt, um die Kindereisenbahn aufzuhalten und der hilflosen Maid, die gefesselt auf den Schienen lag, das Leben zu retten. Der Übeltäter war natürlich der Grüne Kobold, doch der konnte sich aus dem Staub machen. Beetleboy nahm die Verfolgung auf und jagte den Bösewicht, der sich auf das Universitätsgelände flüchtete. Auf dem großen Sportplatz drohte der Grüne Kobold damit, das Maskottchen der Pittsburgh Panthers – ein großes Plüschtier namens »Roc« the Panther – mit »vergifteten Fußbällen« zu bombardieren. Die Lehrkräfte und Angestellten hatten sich zuhauf auf den Zuschauerrängen eingefunden und brachen in Jubelrufe aus, als Beetleboy die Pläne des Schurken ein zweites Mal erfolgreich vereitelte. Die Blaskapelle der Universität marschierte ein und erwies dem jungen Helden auf musikalische Weise Dank, und der Footballtrainer schüttelte ihm persönlich die Hand. Michael strahlte übers ganze Gesicht und war überglücklich – bis auf der Großleinwand des Sportplatzes eine neue Schreckensmeldung angezeigt wurde: Der Grüne Kobold plante, das städtische Trinkwasser zu vergiften!

In einem nahegelegenen Park sah Beetleboy den Grünen Kobold von einem der schönsten städtischen Springbrunnen weglaufen, aus dem aber nun kein Wasser mehr sprudelte. Doch Beetleboy reckte seine grün behandschuhte Hand empor, und schon schoss eine Wasserfontäne aus dem Brunnen – der Mitarbeiter der Stadtwerke hatte seinen Part auf die Sekunde genau erfüllt.

Nach einer aufregenden Verfolgungsjagd kreuz und quer durch Pittsburgh stellte Beetleboy – angefeuert von Dutzenden von Passanten – den Grünen Kobold auf den Stufen des Rathauses, wo ihn der Bösewicht mit einer Kiste Dynamit bewaffnet erwartete. Doch Beetleboy gelang es – mit der Hilfe seines Vaters und einiger Polizisten –, ein großes Netz über den Grünen Kobold zu werfen und ihn unschädlich zu machen. Voller Genugtuung sah Michael zu, wie dem Übeltäter Handschellen angelegt wurden. Dann traten der Bürgermeister und der Polizeichef aus dem Rathaus, bedankten sich im Namen der ganzen Stadt bei Michael und erklärten ihn offiziell zum Superhelden von Pittsburgh.

Und dann kam die Krönung der Inszenierung: Spider-Man gratulierte Beetleboy höchstpersönlich zu seinen Heldentaten. Marvel Comics hatte Spider-Man mal eben aus New York einfliegen lassen.

Den Schätzungen der Make-A-Wish-Foundation zufolge hatten rund 500 Leute dazu beigetragen, Michaels Herzenswunsch in Erfüllung gehen zu lassen.

Die Erlebnisse dieses magischen Tags sind Michael, der

inzwischen in der Highschool ist, noch immer lebhaft in Erinnerung. Und was hat ihm am meisten Spaß gemacht? »Ich fand es unglaublich spannend und ganz großartig, dass ich tatsächlich etwas für andere tun konnte.«

Mit der Gründung von The Kaplan Thaler Group begann für uns eine ganz neue Art der Geschäftstätigkeit. Wir hatten damals weder einen brillanten Geschäftsplan noch ein dickes Bankkonto oder eine lange Kundenliste. Was wir hatten, war ein einziger Kunde, ein viel zu kleines Büro und der feste Vorsatz, uns einfach immer nur auf das zu konzentrieren, was gerade anstand. Und genau das erwies sich als das beste Erfolgsrezept. Wir bauten unser Unternehmen – und unseren guten Ruf – mit jedem neuen Tag, mit jeder neuen Idee langsam, aber unaufhaltsam auf. Stein für Stein, Schritt für Schritt. Eine andere Strategie kam uns auch gar nicht in den Sinn, denn wir hatten ja sowieso keine andere Wahl.

Seitdem wir das immense Potenzial der kleinen Dinge erkannt haben, genießen Kleinigkeiten und Details in unserem beruflichen und privaten Alltag oberste Priorität, was sich unglaublich positiv auf alle geschäftlichen und privaten Beziehungen auswirkt. Sich hingebungsvoll auch den kleinsten Details einer erfüllenden Arbeit zu widmen, den magischen Augenblick eines inspirierenden Geistesblitzes auszukosten und jeden einzelnen Moment des Lebens zu genießen – das ist es, was unsere Leidenschaft ausmacht.

Und was ist mit Ihnen? Möchten Sie die Kraft und die

Macht der Kleinigkeiten nicht auch in Ihrem Leben wirken lassen? Es gibt viel zu tun: Eine Welt will gerettet werden, ein Karrieretraum will erfüllt werden, und ein Leben – Ihres – kann eine Wendung zum Besseren, Besonderen hin erfahren.

Wagen Sie den ersten kleinen Schritt.

Und dann gehen Sie immer weiter.

Danksagung

Viele hilfsbereite und kluge Menschen haben ihren Teil dazu beigetragen, dass wir unser neuestes Werk, *Erfolg ist eine Kleinigkeit*, verwirklichen konnten.

Als Erstes möchten wir uns bei Richard Abate von Endeavor bedanken, der von Anfang an an uns geglaubt hat und sich unermüdlich für uns stark macht. Mit Beharrlichkeit und Einfallsreichtum unterstützte er uns dabei, das unserer Ansicht nach perfekte Werk für unsere heutige Zeit zu verfassen.

Ein herzliches Dankeschön geht an unsere literarische Muse, die brillante Journalistin Tamara Jones. Tamara stand uns treu zur Seite und achtete darauf, dass wir nie ins Flunkern gerieten. Danke auch für die leckeren Brownies! Unser Dank gilt auch Sandra Bark, die uns mit Scharfsinn, Temperament und Begeisterung bei unseren Recherchen unterstützte. Auch wenn eine Aufgabe unlösbar schien, machte sich Sandra unermüdlich auf die Suche nach Fakten, Zitaten und Anekdoten, die unseren Ideen Gestalt verliehen.

Wir bedanken uns herzlich bei unserem großartigen Herausgeber Roger Scholl von Doubleday, der uns die zündende Idee für dieses Buch lieferte. Roger besitzt die Gabe, die Spreu verblüffend treffsicher vom Weizen trennen zu können. Auf immer freundliche und diplomatische Art hielt er uns auf Kurs und sorgte dafür, dass wir uns treu blieben. Natürlich danken wir auch allen anderen Mitarbeitern von Doubleday für ihre Unterstützung bei diesem Buchprojekt: Meredith McGinnis, Michael Palgon, Talia Krohn, Liz Hazelton und Anna Thompson, Rogers Assistentin.

Ein herzliches Dankeschön geht an Karl Turkel, Phil McCobb und Paul Kirchner. Wir danken den Kreativdirektoren Alex Spak und Jill Danenberg für die brillanten Marketingideen für dieses Buch. Danke, Josh Comers, was wäre dieses Buch ohne deine witzigen und genialen Einfälle?

Unser besonderer Dank gilt Mark Fortier und seiner Assistentin Danny Estremera, ohne die *Erfolg ist eine Kleinigkeit* niemals das Licht dieser Welt erblickt hätte. Vielen Dank auch an Evan Greenberg, Leslie Jacobus, Joe Rella, Brenda Vinton und Davis Stewart, allesamt medienerfahrene Mitarbeiter von Allscope Media, die sich viel Zeit für uns genommen haben und uns mit Rat, Tat und ihrem Wissen zur Seite standen. Wir bedanken uns bei der herausragenden Truppe von Fat Free, Mike Metz und Dennis Hayes, die unsere Webseite gestaltet haben, sowie Kate Noonan und unseren Leuten Myles Kleeger und

Lauren Reilly, die uns gezeigt haben, wie man durch die digitale Welt navigiert. Ein Dankeschön geht an Lisa Bifulco, die fantastische Produzentin all unserer Videos (wobei ihr das Kunststück gelang, immer alle Termine und Budgets einzuhalten).

Ganz besonders danken möchten wir unseren wunderbaren Kunden, Freunden, Kollegen und Mitarbeitern, die uns zu zahlreichen Geschichten dieses Buchs inspiriert haben: Steve Sadove, Dan Amos, Karl Ronn, Patricia Fripp, Scott Fimple, Annamarie Ausnes, Sandie Anderson, Tom Amico, Eric David, Danny Meyer, General Colin Powell, Michelle Alba-Lim, Molly Boren, Dr. Ona Robinson, Amy Sutherland, Anthony Pinizzotto, Edward Davis, Charles Miller III, Kenny Dichter, Tony Hassini, Paul Gumbiner, Greg Davis, Randall Tallerico, Carol Gardner, Sheri Schmelzer, Jen Groover, Warren Brown, Sandi Genovese, Don Schoendorfer, Greg McHale, Brendan Finn, Dr. Carol Kinsey Goman, Nell Merlino, Adele Horowitz, Syndi Seid, John Breen, Shauna Fleming, Michael Lucco, Greg Lucco, Matthew Greenbaum und Stu Snodgrass.

Ein besonders herzliches Dankeschön an den großartigen Komiker Gilbert Gottfried für sein wunderbares Vorwort, an den Marketingguru und Rockstar Gene Simmons, an den couragierten Jamie Clarke für die Inspiration und an die Baseballlegende und das amerikanische Idol Yogi Berra, dessen Spruch »Es ist erst vorbei, wenn es vorbei ist« uns half, einige lange, anstrengende Nächte durchzustehen, in denen uns die Arbeit an unserem Manuskript extrem schwer fiel.

Vielen Dank an Maurice Lévy, CEO unserer Muttergesellschaft Publicis Groupe, der unsere literarischen Ambitionen enthusiastisch und tatkräftig unterstützt.

Ganz herzlich bedanken wir uns bei den Mitarbeitern und Kollegen bei The Kaplan Thaler Group für ihre Hilfe, viele Anregungen und ihren unerschütterlichen Optimismus: bei unseren unermüdlichen Assistentinnen Fran Marzano und Josie Forde, bei unserer brillanten Leiterin der betrieblichen Kommunikation Tricia Kenney und ihrem gesamten Team, bei Charlotte Lederman, die sämtliche Marketingkampagnen scheinbar mühelos geleitet hat, bei Erin Creagh und Charisse Higgins. Unser Dank gilt auch all den wunderbaren Führungskräften bei KTG, die uns in jeder Hinsicht unterstützt haben: Gerry Killeen, Kevin Sweeney, Greg Davis und Jeffrey Wolf. Ein herzliches Dankeschön an Dennis Marchesiello und all die unglaublich talentierten und engagierten Mitarbeiter des KTG Graphic Studio, allen voran John Vila, dem Besten aller Korrekturleser.

Besonderer Dank gebührt unseren Lieben, die uns mit unendlicher Geduld unterstützten und viele wunderbare Geschichten zu diesem Buch beisteuerten:

Ich danke meinem wunderbaren Ehemann Fred Thaler und unseren Kindern Emily und Michael, die es mir ermöglichen, mir treu bleiben, die mein Herz schneller schlagen lassen und mich zum Lachen bringen. Weiterhin danke ich meinen geliebten Eltern Bertha und Marvin Kaplan, die seit dem Tage meiner Geburt an mich geglaubt haben und dieses Buch um eine lustige und lehrreiche Geschichte bereichert haben.

Ich danke meinem geliebten Ehemann Kenny Koval, der seit nunmehr fast 30 Jahren mein Held und bester Freund ist. Ein herzliches Dankeschön an die wunderschöne, talentierte und brillante Melissa Koval: Möge deine Zukunft voller Sternschnuppen sein.

Register